八鹿高校事件から半世紀

―「日本教育の青春」と同和教育―

東上　高志　編著

◆部落問題研究所◆

はじめに

私はこの50年間、八鹿高校事件そのものの真実は明らかにされてきたが，事件の本質は未解明のままだ、と考え続けてきた。

事件そのものについては、20年間にわたり、68名の教師集団が1名の脱落者もなく、全国の支援に支えられて闘い抜いた裁判闘争によって「全面勝利」した。それは、神戸地裁豊岡支部の民事訴訟の判決─「その動機、態様、結果のいずれをみても、現行法秩序の到底容認し得ない違法行為である」「八鹿高校教員の側に非難さるべき落度は、全く認められない」に示されている。そしてそれは、１９９６年2月8日、最高裁判所小法廷の裁判官全員一致の意見で上告を棄却し、確定した。

「未解決のままだ」というのは、この事件が、日本戦後史とくに戦後教育史のなかに位置づけられていないことを憂えての言葉である。私は次のように考えている。

青春、それは人びとが思いのまま伸びようとする様と季節を言う。日本の教師たちが、教育への理想のままに行動した、あるいは出来た希有な時期があった。日本教育の青春は、官の力ではなく、民すなわち教育運動によって、憲法と教育基本法の理念を実現しようとしたところに特長がある。教師集団の実践と国民あるいは生徒が結んだ幅広い活動の中で、その実現がはかられた。

その象徴的な境目に位置するのが、戦後日本教育の分岐点と言っていい勤評闘争の「時代」であった。徹底的にたたかった和歌山県と、１校でそれを具現した八鹿高校の教育実践に、私はその典型をみる。八鹿高校事件は「日本教育史上かつてない」と表現された。私もそう考える。と同時に、「日本教育の青春」をあぶり出したものでもあった。

「かつてない」というのは、教育現場での蛮行を指しているが、同時に、権力がそれに加担した事実を告発した言葉でもある。解同丸尾派が「解放研を認めないのは差別教育だ」と主張したのは論外だとしても、兵庫県教育委員会は八鹿高校の教育を偏向教育ときめつけて、解同の蛮行を後押しし、片棒を担った。南但六町の全町長も全教育長もそれに従わさせられた。

ということは、事件の本質の糾明は、当時の八鹿高校の教育の事実を明らかにすることに置かねばならないのではないか。和歌山勤評闘争が明らかにしているように、八鹿高校事件は「民主教育つぶし」が隠された本質ではなかったか。

そう考えて、事件当時の八鹿高校の先生方と生徒諸君の協力を得て、4章だて、21回の連載を部落問題研究所機関誌『人権と部落問題』で行った。第1章で当時の状況を、私の当時のレポートからつくり、第2章で「生徒がつづる八鹿高校と高校生活」として追憶してもらい、第3章で「教師がつづる八鹿高校の教育」として反芻してもらった。そして第4章でまとめとして「日本教育の青春と同和教育」をおいた。

なお高校部落研を知ってもらうために、綾部高校の「ぼくらの部落研のあゆみ」と高校部落研の生みの親・育ての親といってもいい石田眞一の「高校部落研活動の二〇年」を加えた。

そして、事件の全容を知ってもらうために、あえて事件直後の1975年4月に汐文社から刊行した『ドキュメント八鹿高校事件』の必要部分を入れた。ご参照いただきたい。

八鹿高校事件50周年の記念としたい思いで、いっぱいである。

目　次

第二章　生徒がつづる八鹿高校と高校生活……37

八鹿高校事件から半世紀

第一章　八鹿高校事件の舞台と全体像

「解放車」の上の丸尾良昭に対峙し、追及する生徒たち。

連載にあたって

私はこの50年間、八鹿高校事件そのものの真実は明らかにされてきたが、事件の本質は未解明なままだ、と考え続けてきた。

事件そのものについては、20年間にわたり、68名の教師集団が1名の脱落者もなく、全国の支援に支えられて闘い抜いた裁判闘争によって「全面勝利」した。

それは、神戸地裁豊岡支部の民事訴訟の判決「その動機、態様、結果のいずれをみても、現行法秩序の到底容認し得ない違法行為である」「八鹿高校教員の側に非難さるべき落度は、全く認められない」に示されている。そしてそれは、１９９６年2月8日、最高裁判所小法廷の裁判官全員一致の意見で上告を棄却し、確定した。

「未解明のままだ」というのは、この事件が、日本戦後史とくに戦後教育史のなかに位置づけられていないことを憂えての言葉である。私は次のように考えている。

青春、それは人びとが思いのまま伸びようとする様《さま》と季節を言う。日本の教師たちが、教育への理想のままに行動した、或いは出来た稀有《けう》な時期があった。

日本教育の青春は、官の力ではなく、民すなわち教育運動によって、憲法と教育基本法の理念を実現しようとしたところに特長がある。教師集団の実践と国民あるいは生徒が結んだ幅広い活動の中で、その実現がはかられた。

その象徴的な境目に位置するのが、戦後日本教育の分岐点といっていい勤評闘争の「時代」であった。徹底的にたたかった和歌山県と、1校でそれを具現した八鹿高校の教育実践に、私はその典型を見る。八鹿高校事件は「日本教育史上かつてない」と表現された。私もそう考える。と同時に、「日本教育の青春」をあぶり出したものでもあった。

ということは、事件の本質の糾明は、当時の八鹿高校の教育の事実をあきらかにすること、に置かねばならないのではないか。

そう考えて、事件当時の八鹿高校の先生方と生徒諸君の協力を得て、四章だての連載を行うことにした。本号から始めて21回にわたる、私たちの主張を続けることにする。

東上高志

一　水平社と国民融合全国会議

東上　高志

1．部落解放運動四〇周年記念祭と国民融合

1922（大正11）年3月3日、全国水平社が結成された。100年前のことである。

70年間にわたって部落問題に生きた私は、90歳でその仕事を集大成して、『部落問題とは何だったのか』全3巻を上梓した。第1巻のトップに「西光万吉の生涯」を置き、100年前のこの日を次のように書いた。

一九六一年三月三日。

この日、京都市岡崎にある京都会館で、部落解放運動四〇年記念祭が盛大におこなわれていました。いまこそ美しい京都会館に建てかわっていますが、その前身である岡崎公会堂で、四〇年前の今日、全国水平社は創立されたのです。それは、わたしたちの国の歴史が経験した、もっとも

感動にあふれた時間でした。この時、社会外の社会といわれ、人間以下の人間とののしられた部落のひとたちが、数百年にわたる屈辱の歴史をかなぐりすてて、自らの手で、自らの運命をきりひらくべく立ちあがったのです。

昨夜来の雨ははげしく降りつづいていました。その雨をついて、近畿地方はもとより、関東から九州にいたる、六千の部落、三百万人の部落大衆を代表する二千名が、続々とつめかけてきました。昼前には雨もやみ、やがて太陽が暗雲をつき破って光をなげかけはじめた午後一時、全国水平社の創立大会ははじめられました。それは井上清が書いているように、「この日のこの会場で人々がうけた感激ほど純真な、崇高なまた深刻なものを、どれだけの人がその生涯に一度でも味わうことができるであろうか」(井上清『部落問題の研究』)というほどのものだったのです。綱領が採択され、ついで日本の人権発達史上比類のないといわれるほど格調の高い宣言が朗読されました。

水平社は、かくして生まれた。
人の世に熱あれ、人間に光あれ

一瞬のちんもくが支配しました。やがてひとびとはあいいだいて泣き、手を前につき出したまま、声をあげて泣きました。壇上の役員たちも控え室にかけこむなり、あいようして泣いたのです。沈痛の気は堂に満ち、悲壮の感が万人の胸にせまりつつも、なおそれは、はてしない歓喜を底に秘めていたといっていいでしょう。やがて満場総立ちとなり、怒濤のごとき拍手がうずまきました。

四〇年前の出来ごとを、西光万吉は昨日のことのように思い出します。

奈良県南葛城郡掖上村柏原(現在は御所市)で阪本清一郎・駒井喜作とともに水平社の創立事務所をつくり、人間を回復するこの偉業に、われを忘れて動きまわった若い日を。そして警察の尾行や張込みに檀家から苦情が出、父もかまいきれなくなって、ありったけの金をもらい、風呂敷包一つさげて寺を出た日のことを。そのまま彼は、水平社創立のオルグ活動をかねて京都へやって来たのでした。京都ガス会社の修理工、島原の遊郭が彼の受持ちでした。やがて祇園の「一力」とともに昔から名高い島原の「すみや」のガス管をなおしたり煙突を掃除したりしているうちに信用をえて、仕事がなくても勝手にそこの物干台に上ることができるようになりました。

西光万吉は書いています。「京都の二月はまだ寒い。そのある日の午後、うすれ日のしずかな〝すみや〟の物干台へいつものように彼は上って来て坐り込んだ。そして、いつものようにぼんやり考えているようだったが、やがて小さい手帳を出し、鉛筆をなめながらこまかい字で書きはじめた。『全国に散在する特殊部落民よ団結せよ』。そして、夕方近くに物干台を下りて行ったが、それきり彼はそこへは姿を見せなくなった。彼とは私のことである。」（「青竹の荊冠旗」／『部落』三一号）

創立大会を感激のルツボと化し、あの「燎原の火の如き」と形容される水平社運動のすすむ先々で、部落の大衆のねむりをさまし、その屈辱を闘いのエネルギーに転化させていったひとつの力は、まぎれもなく、この宣言でした。水平社の宣言は学者の机の上で書かれたものではなく、実に最もしいたげられ人身の自由もうばわれた女たちの物干台で、労働者となった二六歳の青年の手によって書かれたのです。西光万吉は、水平社運動の創立者のひとりであることよりも、この水平社宣言の起草者として知られています。（『思想の科学』二七号、一九六一年三月号）

その日から半世紀、1975年9月21日、国民融合をめざす部落問題全国会議の結成大会が1500人にのぼる部落内外の民主主義者によって、大阪府の吹田市民会館で開催された。国民融合運動の「黒子」とも言っていい成澤栄壽に、壇上に座るよう推められたが、私は2階の最上段にのぼって、深い感慨のもとに会場を見つめ続けた。

主催者代表挨拶は阪本清一郎（83歳）、経過報告は成澤栄壽（41歳）、活動方針は北原泰作（70歳）。議事の後、各地・各界の報告に移った。トップは兵庫県但馬地方の日高有志連の植田友蔵だった。

全国水平社の創立は部落民が団結する闘いの出発の日。国民融合をめざす部落問題全国会議の結成は部落問題解決へのとりくみの到達点だった。

2．半世紀前の但馬でおこったこと

事実によって語ろう。

兵庫県の中国山地の北側、すなわち日本海側を但馬地方といっている。古くから但馬牛の産地として知られている、純朴な農村地帯である。半世紀前、部落問題・同和教育をめぐって、恐るべき事態が進行していた。私の筆で語るよりも、現地からの通信を引用してみよう。

但馬地方最大の部落である、日高町鶴岡の区長植田友蔵は、水平運動いらいの解放運動の大先輩、すなわち、阪本清一郎・木村京太郎・北原泰作らが、部落解放運動の現状をうれえてつくった「部落解放運動の統一と刷新をはかる有志連合」の主張に共鳴し、但馬地方の部落の有志に、次のような呼びかけを行っている。

「（前略）部落解放は国民的課題になっており、みなさん、解放にむかって日夜血の出るような努力をなさっておられることと存じます。

しかるに解放同盟県連行動隊となのり、あたかも全部落民の代表であるかのようにふるまい、綱領、運動方針に反して、一般、そして学校、行政を、何もないのに差別だといいがかりをつけ、無差別に確認・糾弾をしてまわり、その結果、学校は混乱、先生は行動隊をおそれて口をつぐみ、一般も行動隊はおそろしいものだと感じる人が今まで以上に多くなる傾向がありますす。これでは解放どころか、新しい差別をつくっていくようなものです。」

青年たちを中心にした「行動隊」がどんなことをしてきたかは、あとでのべよう。しかし、これだけは書いておかなければならない。

すなわち、「点検・確認・糾弾方式」と私が名づけた、無茶苦茶なやり方…。

差別事象があろうがなかろうが、学校や役場に押しかけて教育や行政を彼らの言うとおりに進めているかどうかを、一方的に「点検」し、集団の威力でもって「確認」させ、そして暴力的な糾弾を行うという「方式」が、但馬地方の学校や役場を恐怖の底に落としこんでいるのである。

しかし、こうした、まったく主観的な「点検」、すなわち自分たちの言うままにならなければ「差別」にしてしまうというやり方に対しては、まだ弱いけれども、さまざまな形で批判行動がおこされている。

そのひとつは、部落のなかからおこった。たとえば兵庫県朝来郡の沢部落では、青年行動隊の無茶苦茶なやり方にたいして、それは、いきすぎであり、差別の再生産につながるとして「行動隊の独自行動は許さない」と決議し、場合によっては、消防団を非常招集しても押さえねばならないと申し合わせ、事実、消防団が緊急出動して事態を未然にふせいだこともあった。

そのひとつは、教職員組合である。残念なことではあるが、兵庫県教職員組合（兵教組）が、こうした不当な「糾弾」を行っている部落解放同盟兵庫県連合会と「連帯」する方針をとっているとき、兵教組朝来支部は、正しい解放運動や同和教育運動の学習を組織し、系統的にそれを行っているし、組合全体がこうした不当な「糾弾運動」批判している兵庫県高等学校教職員組合（兵庫高教組）の但馬支部では、不当な「糾弾」をゆるさない、というたたかいに立ちあがっている。

そして忘れてはならないことは、こうした動きに、無言の声援を送っている但馬地方の部落住民の「声なき声」である。

１９７4年1月、「和田山商業高等学校差別糾弾会」なるものが、解同青年部によって一方的に通告されてきたとき、兵庫高教組但馬支部と和田山商高分会がこれを拒否、不当な「糾弾」をゆるさないという闘いにたちあがった。そのとき、朝来町の沢部落のひとりの親から送られた、次のメッセージを私は忘れることは出来ない。

「和田山商高の先生方、高教組但馬支部のみなさんに連帯のあいさつをおくります。

一部の青年や教育委員会の不当な攻撃に屈服することとは、天皇の名において戦争中に教え子を戦場へ送った道を、再びあゆむことになります。

勇気のある行動にはげまされました。真の同和教育と部落解放のために共に手をつないでがんばりましょう。」

このメッセージが、教師たちを、どれほど勇気づけたことであろう。そして但馬の多くの父母たちを。

しかし事態は、その後もエスカレートしていった。さきほども書いたように、但馬地方最大の部落である鶴岡の区長を中心に、「部落解放運動の統一と刷新をはかる有志連合」が旗あげせざるを得なかった背景はこうしたものであった。

「部落解放運動の統一と刷新をはかる有志連合」は、無党派の人たちの、解放運動の正しい発展をねがう組織というよりも動きである。水平社の創立者であり、部落解放運動の最長老であり、西光万吉の親友でもある83歳（１９７5年当時）の阪本清一郎さんが、「いまの運動をみていると、死んでも死にきれない」といわれている状況のなかで、水平社以来の運動の長老たちが、やむにやまれぬ気持で立ちあがった「組織」である。

いま但馬地方では、不当な「「糾弾運動」が横行するなかで、精神的には水平社創立当時の理念を、方針としては部落解放同盟の綱領をよりどころにした運動が、ようやく出発しようとしているのである。

（とうじょう　たかし／部落問題研究所顧問）

八鹿高校事件から半世紀

八鹿高校正門
（兵庫県高等学校教職員組合八鹿高校分会・写真集『八木川　広く深き流れに』１９７７年より）

第一章　八鹿高校事件の舞台と全体像

二　「解同」丸尾派の「糾弾」の実態

東上　高志

1. 事態はますます深刻化している

しかしながら、事態はますます深刻である。そのことを正しくつかむために、１９７４年7月18日付の「統一刷新但馬有志連ニュース」No.１を引用してみよう。そこには「和田山中学校への〝確認〟〝糾弾〟はこのようにしておこなわれました」という見出しがつけられている。

七月一六日、午後七時三〇分から、七月一七日、午前六時三〇分まで、和田山町和田山農業研修センターに和田山中学校教員（約四〇名）を、約四〇〇名でかんづめにし、糾弾を行いました。この糾弾で一一名の教師がたおれました。この四〇〇名程の人たちの中には、和田山中学校「解放研」の子どもたち約五〇名も朝まで参加し、教師を、一緒になって「糾弾」しています。

毎回のことですが、さまざまな形で、「確認会に出よ」「確認会に出ないものは差別者だ」といって、出席が強要されました。とりわけ今回は、「出ないなら、部落は同盟休校する」「学校にテントを張って、一人ずつひっぱりだして、糾弾する」「授業ができなくしてやる」など、無茶なオドシで出席を強要しました。

確認会は「おろかな教師め」「かわいそうな教師、ばかな教師め」からはじまり、一人ひとりを追及して、〝意識を失うまで〟おこないます。特に、若い女教師や体の具合の悪い人はすぐ倒れますが、「医者をよべ」の声が聞こえるまで、〝机にのせて、かつぎ出すまで〟せめたおします。

まず一人を名指し、前に、直立不動で立たせます。男女を交えた青年行動隊が、三〜四名ずつとりかこみ、前と両わきから〝力一ぱいの大声で、どなり〟鼻と鼻が、一センチか二センチの所でわめき、つばが顔中にかかります。又、耳もと数センチの所でわめきたてます。

行動隊は、次々と交代しますが、立たされた人はくたばるまでです。

このように一人ずつ行ない、「私は、差別者でした」とか「今後は確認会に行きます」などの確認書を書かされます。

解放研の子どもは、教室での、教師の発言一つ一つをノート、メモしたもので、教師をつるしあげ、「お前は差別教師だ」とせめたてるのです。

解放研の子どもたちは、あちこちの確認会、糾弾会に参加し、そのあくる日は、目を赤くして登校してきています。

「七月八日の糾弾会に来なかった、何故か」「この日、お前は、どこにおったのか」「何をしていたのか」「校長や教育委員会がよびに行ったり、電話をしたときにいなかったのは何故か」と問いつめます。どこそこにいた、と言ったら、教頭、町の助役、青年行動隊が、その家へ（朝の四時、五時ごろでも）確かめに行かせました。そして「差別者である」ことを確認し、一四〜五歳の中学生に、「部落問題は部落に学べ、教師に教える資格はない」と言わせているのです。

南但（但馬地方の南部、養父郡と朝来郡をさす）では、七月にはいってからだけでも、七月八日和田山中学、七月一一日八鹿中学、七月一四日（日曜日）、七月一六日和田山中学、七月一八日生野小学校と続き、そして、これらの学校では、学期末の成績の処理や、学校の諸行事がほとんどストップの状態です。

そして、これらの学校だけでなく、その他の小中・高校でも、さまざな影響を受けて、地道な、地に足のついた教育や、同和教育のいとなみが、とどこおりがちです。

　このような「確認会」「糾弾会」は解放運動を、同和教育を本当に前進させるでしょうか！　みなさん、一緒に考えて下さい！


（以上原文のまま）

つぎに「統一刷新但馬有志連ニュース」№３（１９７４年７月29日付）にのせられている事実を引用しておこう。それは「生野小学校〝確認・糾弾〟福井教諭意識不明となり救急車で神崎病院へ！　昏睡状態続き酸素吸入　絶対安静　面会謝絶」と見出しがつけられている。


　福井教諭は四月～五月にかけて健康を害し、休養中でした。その後も加療を続けながら勤務していました。七・一四、七・一八の確認会には、「あのような確認会は正しくない。」また、健康上の都合もあるので出席しない、と同僚に話していました。

　しかし、七月一八日生野町の町長・町議・教育委員会・次長・同和対策室長・育友会などが参加を強要し、自宅にも電話をたびたびかけ、訪問するなどして参加を強要しました。

　また、県教委但馬教育事務所からは「行かないと一人ずつ糾弾すると言っている。確認会こそ生の声を聞ける所だ、最高の学習の場だ」と強要しました（Ｓ主事）。

　七月二七日も、午後四時、校長が行け行けと言いました。

　福井教諭は、自分一人だけで「また糾弾会」となってはと、仲間のことで、最後に行くことになったようです。

　糾弾会の会場で、午後一一時ごろ意識不明となり、医師がかけつけ、救急車で病院へ運びこまれました。

　七月二八日午前二時一五分ごろ「全身がだるくてかなわん」と言っただけで、ずっと昏睡状態が続いています。

　校長・教頭は職員には、面会謝絶だから、家族にめいわくをかけるから、見舞いには行くなと、全職員に電話でつたえました。

　しかし、行け行けと言った張本人の県教委の主事たちは、赤い袋に「見舞」と書いて、ぬけぬけと病院を訪れ、家族までもまどわかしているしまつです。


（以上原文のまま）

2. たちあがった人びとの考え方

では、「部落解放運動の統一と刷新をはかる但馬有志連合」の人びとは、こうした問題をどうとらえているのであろうか。1974年7月13日に出された「現在の部落解放運動のあり方に、疑問をもち、その行きすぎや、路線の誤りを憂うる皆さんに訴えます」という「アピール」は、つぎのようにのべている。

みなさん、今、部落解放同盟の中の一部や、青年行動隊、或は、中学校、高校における「解放研」の一部の者が、どのように行動をし、それが、何をもたらしつつあるか、ご存知でしょうか。

彼らは、水平社以来の伝統に輝く部落解放同盟に泥をぬり、部落解放をますます遠ざけ、自らの手で、差別の拡大を行っています。私たちは、水平社初期の「個人糾弾」が、一方では、公然と差別言動をすることを許さない状況をつくりだしましたが、同時に、「水平社＝部落はコワイ」という考えを、部落外の人々に植えつけてしまったことを、知っています。

その苦い経験をもつ私たちは、「確認会」「糾弾会」は、すべての住民が、心から納得できる理論と方法でもって、正確に「敵」に向けて、たたかい進めなくてはならないことを、体で、主張してきました。

ところが、今、但馬で、とりわけ南但の各地では、役場、町議会、小学校、中学校、一部の高校に対して、その構成全員や、一部の人に対して「確認会」「糾弾会」或は「学習会という名の糾弾会」などが、どこかで、毎日のように行なわれています。深夜、二時三時まで、時には、明け方まで、人権も民主主義もふみにじって、怒号と罵声の中で〝学習〟が行なわれています。「学習会」における片言隻句（言葉じり）をとらえて、忽ち、糾弾に発展する例も、数え切れない位あります。

部落の解放を、心から、一日も早かれと願う私たち部落民の中にも、解放への道については、さまざまな考え方があり、解放運動へのかかわり方も、さまざまです。彼らのやり方、考え方からすれば、彼らの考え方を容認しない私たちまで「差別者」にされかねません。そんなバカなことがあるでしょうか。明らかに彼らの考え方、やり方はマチガッています。

彼らは、解放同盟を名乗っていますが、解放同盟が一部の活動家のあやまれる行き方を心配して、その運動方針の中で、一項おこして述べている「差別糾弾闘争の方法」等を、読んだことがあるのでしょうか。部落差別の真の敵を明確にしている、解放同盟「綱領」を読みこなしているのでしょうか。

彼らはまた、市町自治体に対して、解放同盟を唯一の窓口とする、いわゆる「窓口一本化」を強要しています。そのため、行政も学校も、部落差別の真の敵を見まちがえさせられ、主体性を喪失して、彼らのいいなりになっています。その結果、同和対策事業や同和教育は、ますます部落と一般住民とを対立させることとなり、差別を拡大する役割を果させられています。いわゆる「逆差別」をおこさせる真の元凶は、国・政府であると言えます。それをとりちがえて、役場の職員や、職安の職員や小中高の教員を「確認」「糾弾」しているのが彼らです。真の敵を見失うものは真の味方をみつけ出すことも出来ません。そのため、彼らは、部落解放の展望も持ちえず、「行動」だけが先行し、ますます凶暴化しているのです。

また「窓口一本化」によって、部落住民も苦しんでいます。奨学金、融資、利子補給、住宅改修資金、自動車運転免許など、すべての部落住民に、公平平等に及ぼされなければならない諸制度が、すべて解放同盟の支部等を通じて、窓口一本で行われるため、彼らの意のままに行動しなければならない状態です。「権利はあるが、受け取る資格がない」など、勝手な理屈をこねる彼らに、逆らうことも出来ず、言いたいことも言えず、小さくなっている人びとが数多くいます。

私たちは、五十年前のような事態を再現している、彼らの誤りを正し、全部落住民の声と願いを反映した解放運動をすすめるため、勇気をもって立ちあがりました。

（以上原文のまま）

ここに書かれているように、このとき、但馬地方の部落の人びとは、思想信条の別をこえて、誤った「運動」を改め、「水平社創立宣言」の精神と部落解放同盟「綱領」にもとづいた正しい解放運動を進めようと立ちあがりつつあった。

正しい解放運動を進めるためにも、いったい、こんな異常な事態がどういう状況のもとでつくられていったのかを明らかにすることは、極めて重要な課題である。

（とうじょう　たかし／部落問題研究所顧問）

八鹿高校事件から半世紀

第一章　八鹿高校事件の舞台と全体像

事件当時から「解同」丸尾派の闘争本部として占拠された八鹿町庁舎の1棟
（兵庫県高等学校教職員組合八鹿高校分会・写真集『八木川　広く深き流れに』1977年より）

三　部落問題における兵庫県の位置

東上　高志

1．政府自民党と兵庫県

兵庫県で起こった事態は、兵庫県で発生し、兵庫県で拡大されていったものではない。

すでに多くの人びとによって指摘されているように、それは、「朝田理論」にもとづく、部落排外主義、反共主義、融和主義、物とり主義を主な内容とした、大阪における誤った「解放運動」―かりにこれを「大阪方式」としておく―が兵庫県の風土にみあって移植され、助長され、拡大されたものにほかならない。

この「大阪方式」は、埼玉県、東京都から鹿児島県にいたる全国各地で、さまざまなかたちでさまざまな問題をかもしだし、部落差別の解決をきわめて困難な状態においこんだ。たとえば大阪における「矢田事件」をはじめ、ひろく知られているものでは広島県の戸野広校長にかけられた不当な攻撃、北九州市の富野中学校・富野小学校問題など、枚挙《まいきょ》にいとまがない。

なかでも兵庫県は、部落解放同盟正常化の県連や地区協議会がなかったことからもわかるように（支部としては西宮市芦原支部などがある）、こうした誤った運動にたいする、部落内部での公然たる反対運動がないか、あるとしても地域的に限られていたため、全体としていえば「大阪方式」が傍若無人《ぼうじゃくぶじん》にふるまい、かつ助長・拡大していった唯一といっていい地域である。

すなわち、「大阪方式」の特徴である行政との癒着《ゆちゃく》はいっそう進んだし、その上に、兵庫県教職員組合の運動方針が、こうした「運動」に連帯する方向を堅持していたため、誤った運動がいっそう助長された。いわば大阪以外で、「大阪方式」すなわち行政権力と癒着した誤った運動が、なにをもたらしたかをきわだって明らかにしたのが兵庫県だということである。兵庫県でおこった事態を検討することは、その意味で、部落解放運動に困難な状況をもたらした「典型」を明らかにすることにもなる。

その前提として、兵庫県が政府自民党の政策にもっとも忠実な県政を推進してきた、という特徴をあげておかなければならない。たとえば、田中内閣の「国土改造法案」の前身である「新全国総合開発計画（新全総）」にいち早く呼応したのは兵庫県であったし、教育面でいえば、「兵庫方式」は明らかに中央教育審議会（中教審）路線の先どりであった。あるいは、教育系大学の再編成を打ち出した、教育系の大学院大学の構想が発表されるや、いちはやく誘致を表明したのも兵庫県であった。さらに「日の丸・君が代」の強制も全国トップであった。

部落問題においても例外ではない。

１９６０年の大衆運動の高揚期を前にして、１９５８年10月、自由民主党は部落問題に関する政策審議機関ともいうべき性格をもった「同和問題議員懇談会」を発足させ、ひきつづいて内閣に「同和問題閣僚懇談会」を設置、翌１９５９年に「同和対策要綱」を決定し、「同和事業十カ年計画」を実施することになり、１９６０年から「モデル地区」にたいする事業を開始した。この「モデル地区」という特定の部落に対してのみ事業を集中するという、分裂支配的な事業のやり方に対しても、もっとも積極的に動いたのは兵庫県であった。

というように、兵庫県は、いわば政府自民党の政策に忠実な、ある場合には、その「実験室」的な役割や「先どり」をも辞さないという性格を持っていた県であった。

2．兵庫県の「運動」の特徴

兵庫県は、戦前から融和運動の強い土地柄であり、それだけに融和事業もかなり活発にやられてきた。戦後においても、こうした事情にかわりはない。

戦後発足した部落解放運動は、兵庫県においては最初から戦前の融和運動の推進者たちが主導権をとり、やがて部落解放全国委員会系の人びとと対立して組織が分裂し、１９５９年に統一大会を開いて部落解放兵庫県連という、部落解放同盟でもなければ自民党系の全日本同和会でもない、そのいずれもが上部機関であるという中途半端な組織として運動を進めてきた。そうした運動が、部落第一主義的であり、融和的なしかも一部有力者だけの運動であったことはやむを得ないことであったろう。

そうした状況にあった兵庫県にたいして、組織の拡大にあせる解放同盟中央本部は、大阪府連を中心に兵庫県への浸透をはかり、尼崎を足がかりにして、芦屋、姫路と影響力をのばし、ついに１９７３年５月、部落解放兵庫県連全体が解放同盟中央本部に組織加入し、その前後から（行政と癒着した）「大阪方式」が、全県下を席巻《せっけん》していくことになった。

兵庫県のこうした「運動」の特徴をまとめてみると、つぎのようになる。

第１に、暴力的な糾弾によって、行政のトップを屈服させ、行政権力と一体となって、「運動」を拡げていくというやり方である。

例えば、兵庫県におけるそうした運動の突破口となった、芦屋市における、部落出身生徒の市立高校への「優先入学」の実現をめぐる「運動」がそうである。高等学校、とくに公立高校に子弟を入学させたいという部落の父母の切実な要求を実現するために、高校の増設運動や全入運動ではなく、「別枠」入学を実現させるため、芦屋市教育委員会の教育長の差別的な発言をとらえ、糾弾し（「辞表」を書かせて同盟があずかった、と言われている）、それに屈服した教育長と解放同盟が一緒になって、実現していったのが１９７１年のことであった。

その後、こうした方式の「運動」は三田市、三木市、西脇市、赤穂市などでも強行され、その確認会・糾弾会には、市町村の行政、教育関係のトップが「参加」させられて、「糾弾」の恐ろしさを身をもって「学習」させられた。それが頂点に達したのが、解同中央本部へ組織加盟をした1973年5月直後から西宮市の「窓口一本化」をめぐって、大量動員、坐り込み、暴力による威嚇《いかく》をおこなって市政を半年にわたってまひさせた、「西宮問題」であった。

当時の但馬地方でおこった事態をみてもわかるように、「確認会」や「糾弾会」に、教師や行政関係者を狩り出したのは、町長や教育長、県の出先機関や校長など、それぞれの組織のトップである。なかには「職務命令」を出して「確認会」に行かせた例さえある。

こういう「運動」を権力が「育成」しようと考えるのは当然であろう。大阪においては左藤義詮自民党知事によって、同盟大阪府連に、同和促進協議会（同促協）などのパイプをとおして多額の資金が流されていたことはよく知られている。

兵庫県においても同様である。

すなわち第2の特徴は、部落解放運動が自民党県政によって保護・育成され、もちつもたれつの共存体制がとられたことである。

ひとつは、解放同盟県連にたいする補助金である。1974年度の当初予算における補助金は、2000万円であるが、この中にはその他にいろんな名目で支出されている委託事業費、たとえば教育委員会が組んでいる「教育奨励金受給育成費」の2000万円などはふくまれていない。つぎに、相談員・指導員の制度がある。大阪においては、解放同盟の役員が同和事業促進協議会（同促協）の役員をかねることによって、同促協に流された補助金が、同盟役員の生活費、行動費にあてられる仕組みになっていたことはよく知られている。しかし兵庫県では、そうした仕組みさえ必要としないほど、ストレートに組まれていたのが、この制度である。

すなわち知事部局の同和問題相談員は34人、月額5万5000円の手当、教育委員会の同和教育推進指導員は56人で、月額6万円の手当をうけていた。経営指導員・職業相談員などもふくめた120人にのぼるこれらの人選は、県や県教委の委嘱となっていたが、実際は同盟県連の推選によるもので、ほとんどが同盟県連の各級役員によって占められていた。しかも、例えば同和教育推進指導員の職務内容に「市郡町教委、学校、社会教育団体等の同和教育推進についての必要な指導助言」がうたわれているのだから、「兵庫方式」は下からの運動と行政の立場からの「指導助言」が、同一人によって使い分けながら行われたわけで、これるほど、運動と行政の一体化を物語る例は、他に多くあるまい。

第3の特徴は、利益を誘導することによって、「組織」を物心両面から固めていくやり方である。この中心は「大阪方式」による「兵庫県同和企業連合会」の融資制度と課税方式、すなわち企業連に加入している業者にかぎり融資を行い、税金を減免させるというやり方と、兵庫県同和建設業協会にかかわる育成措置で、「企業連」に入っておれば、かなりの事業を営んでいてもほとんど税金がかからない、年間何十億にのぼる同和事業にかかわる工事は、同和地区の業者にのみ請け負わせる（1972年12月の坂井知事の「同和地区建設業者の指導育成について」という「通知」）という県当局と癒着したやり方が、「組織」をつくる最有力な手段として活用された。しかし、こうした利益誘導による「組織」づくりが、どういう結果を生んだかは明らかであろう。

改めて言うまでもないことであるが、部落の解放は、部落住民の自覚と団結、部落外の国民大衆との連帯と統一の行動や実践、たたかいのつみ重ねの上に実現していくものである。

当時、但馬地方で進められたのは、こうした解放運動の歴史が明らかにした原則的な実践ではない。別の言い方をすれば、いまこそ但馬地方に、正しい部落解放運動と同和教育運動を生みだし、発展させていかなければならないということであった。

但馬地方は、その陣痛のさなかにあった、といっていいであろう。

立ちあがった部落の人びとに呼応して、教師も行政労働者も、組織的にあるいは個人的に、目ざめ、立ちあがろうとしていた。例えば、最初から頑張っていた兵庫高教組但馬支部や兵教組朝来支部につづいて、但馬における最大の教組である兵教組城崎支部は、1974年6月29日の第51回定期大会で、誤った運動の不当な教育介入に反対する修正案を圧倒的多数で可決した。すなわち、「運動団体や教育委員会などによるおしつけ融和の同和教育を排除」し、「同和教育、解放運動に関する研究の自由、批判の自由を確保するために、それらを抑圧するあらゆる動きにたいしては組織として全力をあげて対処する」ことを決定した。

但馬牛の産地であるだけに、動きは鈍いし、立ちあがりは遅かったかもしれない。しかし、立ちあがった人びとはけっして、歩みをやめなかったのである。

（とうじょう　たかし／部落問題研究所顧問）

八鹿高校事件から半世紀

第一章　八鹿高校事件の舞台と全体像

「解同」朝田・丸尾一派の蛮行に抗議し、人権と教育、地方自治を守る兵庫県民大集会（12月1日）
（兵庫県高等学校教職員組合八鹿高校分会・写真集『八木川　広く深き流れに』１９７７年より）

四　朝来事件・八鹿高校事件

東上　高志

1．朝来事件

冬を迎えた但馬地方は、いま陰うつな季節のただなかにある。空をおおう、黒いぶあつい雲。日本海を吹きぬけてきた烈風が、みぞれをたたきつけ、雪をまいて走る。やがて、山も野づらも、白一色におおいつくされてしまうであろう。

こうした、毎年くりかえされる暗い冷たい季節以上に、当時但馬地方１市18町の住民を暗たんたる思いに追い込んだのは、「解同」朝田一派の蛮行のかずかずである。

１９７４年9月8日午後7時、朝来町で日高部落解放統一刷新有志連のビラを配布していた3人の活動家が、部落解放同盟兵庫県連南但馬青年行動隊（以下、青年行動隊）を名乗る集団におそわれ、乗用車もろとも監禁される、という事態が発生した。

ことのおこりは、9月8日朝、「解同」朝田一派を批判した統一刷新有志連のビラの折り込み配布がおこなわれるのを知った青年行動隊が、7日深夜、和田山、朝来、生野、山東各町の新聞販売店をまわって、「新聞折り込みをやめろ」「商売で差別をばらまく気か」と脅迫し、ビラ折り込みを妨害したことに始まる。

知らせを聞いて午後8時半ごろ、3人を救出すべく、有志連代表の植田友蔵、西本光雄と、橋本哲朗兵庫県教組朝来支部長の3氏が車でかけつけたところ、これまた青年行動隊につかまって監禁。9日の早朝、救出に行った6人も監禁され、国道312号線横に張ったテントの中に押し込まれたうえ、9日、午後5時半になって、400名にふくれあがった監禁隊（うち朝来中学校「解放研」の生徒が200名）を機動隊が排除して、12名は20時間ぶりに救出された。

10月20日夜から26日の夜中まで、橋本哲朗氏一家を不法監禁し、蛮行の数々を行った彼らの行動は、このとき計画されたものであった。家族ぐるみ164時間も不法監禁し、「精神的、肉体的拷問に等しい」（自由法曹団の声明）蛮行を行ったのである。その経過は次の通りである。

・10月20日　「解同」県連沢支部（丸尾良昭支部長）を中心に、約500名が20日夜から橋本哲朗宅をとりかこみ、〝糾弾〟と称して不法・不当な監禁の暴挙に出る。8つのテントをはり、5つの投光器や拡声器などをすえつけ、宣伝車をならべて、夜どおし大声でがなりたてる。橋本氏宅では祖母（89歳）・母（61歳）・妻（35歳／山口小学校教諭）・長女（6歳）・長男（3歳）・次女（1年8ヵ月）の6人も一緒に監禁。

・10月21日　約500名で引きつづき監禁。昼夜の別なくばり雑言をあびせる。

・10月22日　前日とかわらず無法な監禁が続く。午後4時ごろ調査に訪れた木下元二衆議院議員（日本共産党）、前田英雄県会議員ら7人が橋本宅に監禁される。

・10月23日　朝来中学校の平井重一校長、太幸史郎教頭が先頭に立って、同校「解放研」の生徒を動員してさわぐ。自治労を中心とした労組員、兵教組組合員、町内の婦人会・老人会・隣組などを総動員、約3000人（彼らは1万人と発表）が「橋本糾弾闘争共闘集会」なるものを開き、橋本豊岡市長、生田山東町長、森垣社会党県会議員も加わって、「橋本糾弾」「日共粉砕」をさけぶ。

午後9時すぎ橋本が申請していた「暴力、妨害排除」の仮処分を神戸地裁豊岡支部は申請どおりに認める。午後10時になり木下議員は橋本宅を出る。

・10月24日　前日とかわらず無法な監禁が続く。民主団体や共産党の激励団にたいして「解同」朝田一派の暴行が続き、18人以上が負傷。
・10月25日　前日とかわらず無法な監禁状態がつづく。橋本氏の妻玲子さんは、警察隊に安全を保障させてやっと出勤。この日、朝来中学校の平井校長は、全校生徒を引率して橋本氏宅で「橋本糾弾」を叫ばせる。
・10月26日　前日とかわらず無法な監禁状態がつづく。早朝から国鉄播但線和田山、竹田、青倉、新井、生野各駅でビラ配布をしていた抗議団に「解同」朝田一派がおそいかかり、重体・重傷2名をふくむ100人以上が負傷。「解同」朝田一派は、朝来町役場前で「橋本糾弾闘争第一次総括集会」なるものを開き5000人（発表3万5000人）が参加。

午後6時過から安保破棄諸要求貫徹兵庫県実行委員会は、和田山町竹田で4000人が集結して「『解同』朝田一派の蛮行糾弾、民主主義擁護、公正・民主的な同和教育推進、橋本哲朗激励・決起集会」を開き、町内デモ。

朝田一派は午後10時ごろ橋本氏宅の包囲・監禁状態を解き、姿を消した。

2．八鹿高校事件

但馬でおこっていることを取材し、分析し、執筆していくなかで、たえず私の頭のなかにあったことは、こうした蛮行が司直の追及もうけずに放置されるとすれば、もっと大きな、取り返しのつかない事態を招くのではないかということだった。それは思っていたよりも早く、しかも、組織的・計画的に、そしてもっとも悲しむべきかたちで起きた。八鹿高校事件である。

1974年11月22日、日本の教育史上例を見ない、70人の教師にたいして、「12時間にわたる、集団リンチが、公教育の場である学校で行われ、68名が負傷、うち28名が入院（公立八鹿病院の発表によると「24日夜の時点で、セキ髄骨折などの重体1人、治療1～2カ月の重傷者7人、あとの先生は治療10日から3週間」「神戸新聞」25日夕刊）という大惨事が、部落解放の美名に隠れて行われたのである。

「毎日新聞」は事件後の最初の報道で、事件をひきおこした主犯である丸尾に、次のようにしゃべらせている。

「これについて丸尾共闘会議議長は、『教諭45人を学校内に連れ戻そうとした際、うち18人がけがをしたため校内にいれたあと病院に収容した。残りの27人に対し、今までの差別教育についての糾弾会を開き、午後11時ごろ、教諭たちが自己批判書を書いたので糾弾会は終わった』と言っており、同校に同夜集まっていた部落解放同盟員らは、23日午前零時過ぎ、全員引き上げた。」（11月24日「毎日新聞」）

あれだけの大惨事をひきおこした主犯に、談話を求めるなどということが、日本の新聞の歴史の中に１回でもあっただろうか。

しかし、それはおこう。丸尾は正直に言っている。「連れ戻そう」としただけで18人も入院しなければならないほどの大ケガをさせていることを。さらに、今回の襲撃と集団リンチが、「今までの差別教育についての糾弾」であり、「自己批判書」を書かせることが目的だったことを。

兵高教組但馬支部の支部長である八鹿高校の片山正敏先生を、危篤《きとく》状態におとしいれながら、なお最後の糾弾会場にかつぎこみ、「『自己批判書』は自分の意志で書いた」と言わせたのも、そのためである。

すなわち、「老教師、女教師をふくむ数十人の教職員をおそい同校の体育館にとじこめ、服をぬがせてなぐる、ける、棒で打つ、気絶した教師に水をかぶせて息をふきかえらせ、さらに打つ―という身の毛がよだつような蛮行」（「赤旗」11月24四日「主張」）をおこなったのは、「差別教育」を認めさせ、「自己批判書」を書かせるためであったのだ。

逆に言えば、それほど「自己批判書」がほしかったということである。

ところが、この事件を報じた一般新聞のどれに目を通してみても、八鹿高校で、「自己批判書」を書かねばならないような差別教育が行われていた事実は、どこにも書かれていない。

学校・行政が屈服し、育友会や労働組合までが彼らの「手兵」にさせられていった。そのなかで断固として、その前にたちふさがり、彼らの無法を許さなかったのは、橋本哲朗氏を支部長とする兵教組朝来支部と、片山正敏氏が支部長の兵高教組但馬支部であった。

「解同」朝田・丸尾一派が、この両教組と２人の不屈の指導者を目のかたきにしたのは、そのためである。

橋本哲朗氏宅を１６４時間も包囲し、家族を監禁したのは、ほかでもない。そのことによって橋本氏を屈服させ、自分たちの〝野望〟を実現するための邪魔者を葬り去る行為であったし、自分たちにはむかうものはこうなる！　という実物教育を行うことであった。しかし、橋本氏は屈服しなかった。

彼らは、その時点で次の標的を片山正敏氏と八鹿高校にしぼった。高校教師を責めるのに、部落の高校生を前面にたてるという戦術をつかった。そして、ハンストまで強行させた。しかし、それでも八鹿高校の教師集団が屈服しないとみるや、白昼、学校における集団リンチという凄惨《せいさん》な手段までつかったのである。邪魔者は葬《ほうむ》り去る「野獣の論理」（有志連アピール）にもとづく行動であった。
しかし、彼らは誤算していた。

１３００名の高校生たちが、この事実をみていたのだ。差別教育ではなく、まさに民主教育を進めていたがゆえに、１０００名の高校生たちは立ちあがり、「暴力反対」「先生を返せ」と泣きながら、行動に移ったのであった。

3．12月1日の荊冠旗

12月1日は、但馬地方にはめずらしい快晴だった。「『解同』朝田・丸尾一派の蛮行に抗議し、人権と教育、地方自治を守る兵庫県民大集会」が、八鹿高校のすぐ隣の、八鹿町八木川の河原をうずめた1万７５０0人の人びとによって開かれ、数千の八鹿町民と交流しながら、素晴らしい盛りあがりをみせた。

それは、但馬に夜明けを、但馬に春をよぶうねりでもあった。

その夜、私は、但馬の教師たちから、朝来・養父・城崎3郡に「教員有志の会」が自主的につくられ、11月15日から毎日、「但馬教育ニュース」（ガリ版、わら半紙）を発行し、3郡の全教師に郵送するという活動を1日も欠かさずつづけており、それが、但馬の教師たちの支えになっていることを聞いた。

ここにも、但馬の夜明けを、但馬に春を呼ぶうねりがあった。

そして、12月1日の集会に、但馬全域の部落から、正しい解放運動を進めようと集まった多くの人たちに出会った。その人たちの親戚を通じて、丸尾の支配する朝来町沢部落のなかにさえ、丸尾に反対する人びとが結集しはじめていることを知った。

さらに12月1日の集会では、但馬全域の住民の恐怖のまとになっていた「荊冠旗」（水平社の発足以来、部落解放運動のシンボルとなっていた旗）が、集会に参加した正常化連の人びとの先頭にたって進んだ。それは但馬の人びとの心に焼きつく光景であった。西光万吉が考案した「荊冠旗」は、恐怖のシンボルではなく、部落民が団結して差別と闘う、輝ける旗であることを、但馬の人びとは深い感動のなかで知ったのである。

翌2日、但馬に雨雲がたれこめ、昨日の大集会の八木川の河原には、静かな冬の雨がふりそそいでいた。主犯丸尾ら4人が逮捕されたのは、この日の午後のことであった。

（とうじょう　たかし／部落問題研究所顧問）

八鹿高校事件から半世紀

第一章　八鹿高校事件の舞台と全体像

くったくなげな生徒たち
―事件から3年後の八鹿高校生―
(兵庫県高等学校教職員組合八鹿高校分会・写真集『八木川　広く深き流れに』1977年より)

五　私が見聞した八鹿高校の同和教育

東上　高志

1．私と八鹿高校

八鹿高校の教職員の学習会に行き始めたのは、事件の4年前の1970（昭和45）年5月23日だった。これにはいきさつがある。

その前年には「同和対策事業特別措置法」がだされ、同和対策事業のための10カ年計画も市町村ごとにつくられ、ぼつぼつ特別措置法にもとづく「同和事業」がおこなわれようとしていた頃である。

ところが、但馬地方の部落では、〝寝た子を起こすな〟という意識がつよく、「同和事業」を実施するためには、まず、〝寝た子〟を起こしてかからねばならない状態だった。

八鹿町の隣にある、関宮町の部落の学習会に、京都から毎月1回定期的に行ったのはこうした要請に応えるためだった。この学習会は、4年間にわたってつづけられた。実は、この学習会に自ら進んで参加してきたのが、片山正敏先生ら八鹿高校の教師たちであった。これはまことにめずらしいと言わなければならない。というのは、この部落から八鹿高校に通学する生徒は1人もいなかったからだ。

片山先生たちは、私のやっている部落の学習会に参加しただけではなく、そこで、学習のしかたを身につけるや、今度はすすんで校下の部落の学習会を組織しだした。その数は10をくだらないであろう。

こうして部落差別の現実から教育の課題を学んでいった八鹿高校の教師集団は、但馬地方の高等学校の先頭をきって同和教育の実践に進んでいった。1969（昭和44）年4月には、同和対策室が設けられて、同和教育を推進するうえでの条件が整えられていった。

ひきつづいて八鹿高校の「同和教育方針」（案）が作成されて、やがて全校あげて同和教育にとりくむための学習会が計画され、1970年5月23日を第1回として、毎月1回、1年間にわたる全教職員の学習会がおこなわれ、要請されて私が参加したというわけである。この学習会はいくつかの特長をもっていた。第1に参加者が教師だけでなく、事務職員、実習助手など全教職員を網羅《もうら》するものであったこと。第2に、学習会が理論学習だけではなく、つねに八鹿高校内の実践と結びつけられていたこと。第3に、部落の学習会での学習内容が話されて、生きた差別の現実とかかわって進められたこと、である。

1年間12回の学習会をとおして、学習と討論の中心となったのは、1つは八鹿高校内にある差別の問題であり、1つは、部落出身生徒の学力と進路の保障の問題であり、1つは全校生に部落問題を正しく認識させるための手だての問題であった。

2．実践の特長

八鹿高校は、生徒数1300人、学級数30、普通科21学級、農業科3学級、畜産科3学級、生活科3学級の併置総合高校で、科目数も60を超え、教職員100人という大規模高校であった。

その上、いわゆる高校の多様化と中学校の成績によって選抜する「兵庫方式」によって、学校内にさまざまな矛盾・差別がもちこまれていた。たとえば、普通科の場合は、中学校上位1～2割しか進学できないが、畜産科の場合は入学定員を割る場合もあるという、はなはだしい格差が新しい差別を生み出していたのもその一つである。こうした問題にたいして、八鹿高校の教師たちは真剣にとりくんでいった。

普通科に倍するくらいのエネルギーをそそいだ職業科の授業、普通科と職業科との交流会の実現、みんなにわかる授業の創造などがそれである。

あるいは、映画「橋のない川」上映のとりくみにさいして、校下の部落での学習会をすすめる一方、父母の協力を得るために、クラスの全部の家庭を訪問して理解を求めたT先生の実践などもそうである。

これらはすべて、八鹿高校の教職員の学習会で出されたものである。私はいまでも、そのときのノートを大切にもっている。そのなかで、12月21日、当時の校長・前田惇一氏が校長室で私にもらされた感想をつぎのように書きとめている。

「職員室の話題が同和教育に集中しています。同和対策室の図書も全部出払っています。八鹿高校では、いつでも、どこでも、部落問題が話されているといっていいでしょう。」

もとより教育実践に完璧というものはあり得ない。問題は、教師集団が、全教育活動において、どこまで積極的にとりくんでいくかであろう。その点、八鹿高校の教師たちは、すくなくとも事件の5年前から、もっとも多く部落に入り、生きた差別の現実から教育の課題を学び、今日の高校教育のなかに持ちこまれてくる差別と選別の教育とたたかい、部落出身の生徒の学力と進路の保障のために本格的にとりくみ、全校生に部落問題の学習を保障する努力をしてきたことは、疑う余地のないところである。

そのもっとも確実な「資料」として、私は、八鹿高等学校の、１９７４（昭和49）年度の「新入生に対する高校生活のしおり」（B５判、22頁）を引用しておきたい。

3. 八鹿高校の同和教育

「みなさんは、八鹿高校に入学できましたが、この入学をめぐって何を感じましたか。中学校時代の同級生の顔を一人ひとり思い浮かべてください。どうですか。私たちの一生に大きなかかわりをもつ高校入学に、大きな矛盾を感じたり、憤りを感じたりしませんでしたか。入試の仕組みについて考えることはありませんでしたか。それは『差別をしない自分の心掛け』だけで解決できるでしょうか。

同和教育は、そのような我々の身の回りにある矛盾、差別を鋭く感じとり、それらを許さないたたかう人間への変革をめざす教育なのです。そのような矛盾、差別を社会的にも歴史的にも、最も鋭く、集中的にうけている地域、そしてそれを許さずたたかっている人びとがいます。それが部落（同和地区）です。だから同和教育が部落問題を中心にすえて学習するのは、部落差別の厳しい現実から差別とは何かを学び取り、そのたたかいの歴史の中からたたかいの教訓をつかみ、差別を許さない人間へ成長するためなのです。部落に対する差別を残すような社会は必ず、私たち自身の暮しもおびやかしているはずです。

　私たち自身にかけられているもろもろの差別の実態、根源を明らかにし、部落を解放し自分たちの暮しを守りたかめて、本物の民主主義を実現していく『主権者』としての国民をつくっていく教育が同和教育であると考えています。だから同和教育は民主教育の本質に切込む内容をもっています。」

　毎月1回、ロング・ホームルームや同和教育の時間に、担任の教師により、テキストをつかっての講義や全員での討議、そして講演会が継続しておこなわれており、そのテーマは、部落の現状、水平社運動と戦後の解放運動、江戸時代中心の部落史、明治の解放令と問題点、水平社の結成とそのたたかい、戦後の解放運動、狭山問題、自分と同和教育、自分と部落問題、憲法と人権、3カ年の同和教育と今後の自分、家庭で話しあってのレポートなど—多様である。

　つけ加えておかなければならないことは、先ほど述べた特設的な学習ではなく、1人ひとりの教師の授業の中で、それがいかされていることである。

　「私にとっていまでも忘れることができないのは、日本史を教えている片山先生が、授業で1週間ぐらいとり、5時間にもわたって部落問題を講義されたことです。片山先生は、室町時代、江戸時代にかけ、部落が形成されてきた歴史を説き、明治になっても新平民として差別が温存され、日本の資本主義の発展のなかで利用されてきた。そして部落の真の解放は、民主主義の発展のなかで実現するのだと、熱っぽく話しておられたのを鮮明におぼえております」（京都・大町良平・学生）

4. 卒業生の呼びかけ

この事件の中で八鹿高校の生徒たちは、目を見はるばかりの行動をとっています。卒業生の私たちは、後輩に教えられたような気持ちでいっぱいです。

11月20日、丸尾議長が生徒会執行部に「わたしの話を聞く会をもってくれ」と要求しています。その時、生徒は、①時間を3時10分から5時40分までに区切ること、②他校の生徒はいれないこと、③丸尾議長の説明は30分とし、あとは質疑応答とすること、の3つの条件を確約させています。「解同」の今までの動きの中から、生徒会として、これだけは明確にしておかねばと判断した在学生は、立派なものだと思います。

更に22日、リンチ事件のあった当日も、すぐ警察に嘆願に行き、デモ許可をすみやかに取り、その場で2つのスローガン「暴力反対」「先生かえせ」を決め、八木川の河原に結集しています。「解同」にはばまれてデモはできなかったものの、その場で生徒会代表が、「八鹿高校は僕らの学校や、こんな暴力で解放できない、先生を返して下さい」と堂々と丸尾たちを追及しています。小雨に制服をぐっしょりぬらしつつ、「暴力反対」「先生かえせ」と4時間余り、叫びつづけていた高校生です。

皆さん、高校時代を思い出して下さい。HR、学校祭、農業祭、体育祭、野外活動その他、色々なことを我々の手で築きあげてきたではありませんか。個性豊かな1人1人が育っていったことも思い出してください。これみな、生徒と民主的な先生とが力を合わせてつくりあげてきたものです。生徒の内から起る青春の情熱と、民主的な先生方の暖かく厳しい指導の賜《たまもの》にほかなりません。

22日の事件後、全身打撲で入院されておられた先生が、ようやく回復され、出勤されるおり「やあ、いろいろ心配かけたけど、八鹿高校は変わってないから安心して下さい。又ゆっくり話に来て下さい」とニコニコ話かけて下さいました。ああこれでこそ、八高のあの自由で自主的な校風が生まれるものと、心強く思ったことです。信念をもって教育現場に立っておられる先生の素晴らしさに感動しました。

卒業生の皆さん、話し合いの輪を広げてください。2人でも3人でも集まって、真の民主主義について、真の部落完全解放について語りあって下さい。母校八高の悲劇が二度と日本におこらぬよう、しっかりと自分の足で立ち、自分の目で見て、自分の口で云える1人1人に、仲間になっていこうではありませんか。

八鹿高等学校卒業生有志

（とうじょう　たかし／部落問題研究所顧問）

八鹿高校事件から半世紀

第二章　生徒がつづる八鹿高校と高校生活

1975年1月26日「明るい八鹿町づくりの会」で勇気ある報告をする当時の八鹿高校生徒自治会執行委員長
（兵庫県高等学校教職員組合八鹿高校分会・写真集『八木川　広く深き流れに』1977年より）

六　私の体験した高校生活と八鹿高校事件

木村　剛

1．高校生活の一面―音楽部を中心に

1972（昭和47）年2月、中学3年生の私は、高校入試を終え帰宅するため、不安を抱えながら八鹿高校校舎内を歩いていた。すると聞き覚えのある音楽が校内放送で流れてきた。当時、私は深夜ラジオのファンで、よく聴いていた番組がオールナイトニッポン。そのテーマ曲(Bitter Sweet Samba)だった。あっ！あの曲だ！　いい学校だ！　と、これだけで合格したいと念願した。

春、無事入学し、音楽部（合唱）に入部。夏のNHK合唱コンクール大会に向けて、先輩たちについてひたすら練習を重ねる日々。夏休みに入ると合宿があり、40数名が校区内の人口密度が極端に少ない小学校を借りて、食事、風呂、清掃、地域との交流会などすべて部員たちで手分けをして行い、練習がスムーズに運んでいることが、1年生としては不思議に思えた。

2年生になって音楽部の部長を経験した。顧問の先生から今年の合宿会場を探しに行こうと誘われ、1学期中間試験の最終日の午後、校区内の小学校を中心に探したが、日程的に合わず、地元八鹿町内の公民館をお借りすることとなった。合宿は1年生の時に経験していたものの、はじめての経験ばかりであった。先生は、地元自治会長との顔合わせ以外、近所、住民の方々への挨拶廻り、宿泊、食事などすべての運営を生徒に任せて下さった。この年も部員40数名からなる団体行動で、今からすれば、生徒の自主性を重んじた貴重な体験であったと感謝している。

地域の企業の周年行事（催し物）への参加演奏や定期演奏会（吹奏楽部との共演と記憶している）のプログラムの作成（広告掲載を含む）から、チケット販売などすべて生徒の自主性で行われた。演奏遠征、ＮＨＫコンクール大会などの鉄道団体切符手配、真夏の中毒を考えた昼食弁当の手配など、さまざまな経験をさせていただいた。これは私の属した部だけではなく、他の部活動も同じく、先輩方から受け継いできた八鹿高校の伝統であり、地域との共存共栄の上に成り立っているものだった。

3年前期で生徒会長に立候補することになり、当選した。対抗馬であった職業科の椿本君を副会長に指名。荒れかけていたクラスへの生活改善的な協力と、生徒会活動への協力要請を椿本副会長と共に推し進めていくには、どうすればいいのかと思案した。

毎週木曜日の6時間目に、ホームルームの時間があり、生徒がクラスごとに自主判断で自由な時間が設定されていた。同学年の職業科のクラスからホームルームの時間にゲストとして呼ばれ、少し悩んだ末に、覚悟をして引き受けた。

教室に入ると盛大な拍手で迎えられ、黒板には、「本日のゲスト・生徒会長広瀬剛様」と書かれていた。何を話したかは覚えていないが、職業科は少し怖いと勝手に思っていたので、ゲストを受けて良かった。同じ高校生として思っていることを話し、生徒会長として「高校生最後の良き思い出づくりに力を貸して下さい」という様なことを話したと思う。椿本副会長が、事前にクラスをまとめてくれたおかげだと感謝した。

その後、下級生のクラスからもゲストとして何度か呼ばれ、スピーチを行った。悪ふざけする子などいなくて、まじめに質問を受けた。但馬地区での同和問題についても活発な意見や質問がでて、よく討論会的になったことを思い出す。

後に、事件当日先生方が下校し、生徒も下校しようとした時、「解放研の生徒を残しては帰れない！」と涙ながらに訴える1年生の生徒たちの説得で、後期執行部が困っている時、私が説得できたのはホームルームのゲストのおかげだったと思う。

生徒会担当の教師は雑賀先生で、数学の先生だった。物腰柔らかで、何でも相談に乗ってくださるすごく頼りになる先生で、生徒会自治会執行部の自主性を尊重していただいた。校内食堂の価格改定検討会、制服改善検討会、電車通学生の駅からの自転車通学検討会など、八鹿高校生に関わる教員と合同の会議に参加させてもらった。夜遅くまで話し合いをしていると生徒会室に顔を出され、私は自転車通学片道15㎞だったので、遅くなった時は先生の自宅に泊めていただいた。後で聞いた話だが、泊めていただいた翌日に、私の親が必ず野菜などを先生宅に届けていたそうだ。

2. 事件当日とその後の生徒会

1974年11月22日。先生方は、外部団体の校内侵入に、身の安全確保のため、年休を取っていったん下校する形で校外に。生徒にも校内から外に出るよう指導があった。しかし、断食している生徒を見放すのか！　と生徒からの声があり、このまま校内にいても何も出来ないが、帰るのではなくいったん校外に出て八木川の川原に集合するように説得した。この時刻あたりから13時間に及ぶ先生方へのリンチが始まる。

学校を出た生徒は、大半が八木川の川原に集結し、200名余りが八鹿警察署に先生の解放を要請。また抗議行動としてデモ行進の許可を願い出るが、未成年である高校生の要請は受け入れられなかった。警察署で押し問答している時、父と朝倉さん（当時2人は養父町の町会議員で、朝倉さんは後に町長に就任する）の姿を見つけたので、状況を説明すると警察署長に話をしてくれた（戦争のころ父は八鹿警察署長の上官だったらしい）。道路使用願い許可証はでたものの、未成年者であるため保護者が数十人必要となり、その手続きに手間取った。解放同盟側も生徒たちに抗議行動を起こされたら不利と判断したのか、急きょ大動員をかけ、生徒たちを川原から一歩も出られない状況を作り上げた。

一方、許可証を出してくれた警察側も、危険回避を理由に生徒を川原に閉じ込める形となった。川原での、生徒による暴力反対‼　抗議行動をつぶさに見ていた生徒の親、八鹿町民や当日動員をかけられた南但馬地区住民に、勇気と共感を与えることになった。

翌23日（祝）・24日（日）は休日であったが、22日夜から生徒会執行部と有志生徒たちで校外の下宿生の部屋をお借りして、夜通し活動する。生徒会は10月から後期に移行し、後任は2年生の石原君に生徒会長を引継いでいたが、この事件の継続的な重要性を考え、前期執行部も全面的に協力していた。

解放同盟が、頻繁《ひんぱん》に街宣車で「差別者糾弾‼」と叫んでいたので、親からは自宅に帰って来るなと言われ、下宿の大家さんである小林勝代さん宅などにお世話になった。ここでも親が着替えなどと一緒に野菜を持って来てくれた。

25日（月）、生徒の身の安全が保障されないので、生徒自治会の判断で休校とした。執行部が県教育委員会（県教委）・校長との交渉で、①すべての外部団体の校内侵入を認めない、②生徒の身の安全を保障し、その責任を持つ、③登校した生徒に対しては出来る限り授業の形態をとるよう努力すること、を認めさせた。

26日以降、学校運営についてクラス討議、代議員会、部長会などを重ねる。一方、生徒の代表は校長、県教委と交渉を重ね、各種調査団や先生方と会見した。そして、12月2日、本校職員だけで午前中授業が開始された。12月4日、生徒集会が開催され、生徒会執行委員長談話を発表した。

「我々は、あくまで暴力に反対し、学園の自治と自由の確立を目指す。

暴力は解放運動には無縁であるばかりか、マイナスである。今回の11・22事件は民主主義の根本である生命の安全さえも脅かした。

我々は広く世論にこの11・22事件の真相を伝え、共闘会議、校長、県教委、警察の不当性を訴えなくてはならない。我々は校長、教頭との公開質問会を2回も待ったが、一つとして満足のいく答えはもらえなかった。

我々は八鹿高校生徒として、学生として解放を願う人間として行動してゆく。

今、我々生徒は、一致団結して不当な圧力及び介入に断固反対し、学園の民主主義を守らねばならない。

部落解放同盟綱領に『部落解放運動は平和と独立と民主主義のための広範な国民運動の一環でありそのため統一戦線の一翼である。』と述べてあるように、民主主義を守り、すべての人が手を繋いで解放運動を進めて行かなくてはならない。生徒大会で決議したように、学生であることを自覚し、学生の本文である勉学に励むかたわら、今後、学校の同和教育、同和に関する本、講演、生徒同士の話し合いを通じて、一層部落差別に対する認識を深めてゆき、民主的な解放運動を進めていこう。」

12月10日、生徒大会開催―4日の生徒集会での執行委員長談を受け、5日から8日まで、各クラスで生徒大会決議案を出し、討議し、9日に代議員会において生徒大会決議案を作成し、翌10日に生徒大会が開催され、次のように決議した。

生徒大会決議事項

①八鹿高等学校生徒会自治会綱領

・学園の自由と平和を我々の自治活動の中で確立しよう。

・相互批判を恐れず、かたい友情と協同の精神で結び合おう。

・学園のすべての生活と活動を自治会全体の問題として発展させよう。

・クラブ活動、生徒自治会活動に積極的に参加しこれを強化していこう。

・学習と自治会活動で八鹿高校生の誇りを高めていこう。

その上にのっとり今後も行動する。

②我々生徒は11月22日のこの事件において共闘会議側の一方的な暴力があった事を認める。

③11月22日の事件の背景には部落差別に対する激しい怒りがあるが、心身の傷害を付帯することは法治国家において、いかなる理由、目的があろうとも断じて許されない。それゆえに、真の解放運動には11月22日の事件の暴力はマイナスである。

④この事件の暴力に協力、加担した校長、教頭、県教委、町役場、警察の責任を追及する。

⑤我々は本校の教育、自治へのいっさいの外部団体の介入に反対する。

⑥我々はいかなる困難な状況においても学生の本分である勉学に励む。

⑦我々は真の民主主義、民主教育を確立するために、団結していくことをここに確認する。

⑧今後、校内で暴力が起こらないように、全生徒が助け合って、校内の自治と自由を守ろう。

⑨生徒、職員の手で今後より積極的に民主的同和教育を進めていく。

12月25日に文集『八高11・22その日』第1集、「暴力許すまじ‼真相を伝える！」（タブロイド判8頁）を八鹿高校生徒自治会として発行し、広く世論に訴える。その後、翌年1月20日に第2集も発行する。

半世紀前の出来事だ。私だけではなく、青春まっただ中のこと。まだ、世の中の出来事をすべて理解できるわけもない高校生が、一致団結して大人たちに間違ったことへの、ＮＯ！を言える勇気を、八鹿高校教育は私たちに教えてくれた。１９７５（昭和50）年2月卒業式、3年生前期の生徒会長だったからか、卒業生代表の答辞をさせていただいた。何を話したかはまったく覚えていないが、感動で涙がぽろぽろと流れてきたことを、今でも憶えている。

（きむら　つよし／会社員・事件当時3年生、前期生徒自治会執行委員長）

八鹿高校事件から半世紀

第二章　生徒がつづる八鹿高校と高校生活

「解放車」の上の丸尾良昭に対峙し、追及する生徒たち
（兵庫県高等学校教職員組合八鹿高校分会・写真集『八木川　広く深き流れに』１９７７年より）

七　八鹿高校事件と八鹿高校生

濵　道生

はじめに

私が八鹿高校（以下、八高《はちこう》）に入学したのは１９７３年である。

私は高校から剣道を始めた。剣道部の顧問は小林千尋先生（当時25歳）であった。小林先生は、１９７０年代前半の時点で、すでにウサギ跳び禁止・ウェイトトレーニング・メンタルコントロールを採り入れており、科学的・先進的な指導法であった。

八高剣道部は、指導者・先輩には絶対服従の縦社会とはほど遠いものだった。小林先生は「鬼の小林」と言われ、練習は猛烈に厳しかったが、練習以外ではフレンドリーな性格で、部員からよくからかわれていた。八高は極めて自由主義的な校風であったが、小林先生もそれを体現する１人であった。

夏休みのある日の練習が終わった後、部室の前に駐車していた小林先生の車のドアノブに、部員がこっそり小林先生の靴をはめ込んだ。小林先生は、「俺の靴がねぇ（ない）！　おまえら隠しただろ！」と言っていたが、全員しらばっくれ、靴の前をスリッパ履きの先生が何度も往復して探し回っているのを私たちはゲラゲラ笑って見ていた。

私は、同期の吉村恒男君の下宿で「武士とは！」「男とは！」などと時代錯誤の議論を交わしていた。

1．解同宣伝カーから解同の暴力批判

1974年11月22日。警察に先生たちの救出要請をしたが拒否されて、「暴力反対！　先生返せ！」とデモ行進をしていた八高生のグループと、生徒自治会執行部の指示で集団下校したグループが屋岡橋（全但バス宮町バス停）付近で合流した。警察から「無許可デモだから逮捕する」と脅されたため、八木河原で一旦待機することになった。

大型宣伝カーに乗って丸尾良昭（八鹿高校事件・朝来事件主犯）がやって来た。演台に立って私たちを見下ろして演説を始めた丸尾に対し、八高生たちは「帰れ！　帰れ！」とシュプレヒコールを浴びせた。丸尾は「ジャコー！　おまえらみんなジャコじゃー！　文句があるんなら、ここに上がってきて言ってみい！」と罵《ののし》り怒鳴り威圧した。当時は、解同批判＝差別とされて暴力的糾弾をされたため、解同の宣伝カーに上がって解同批判が出来る者などいるはずがなかったからである。また、南但馬に君臨していた丸尾は、自分より遥《はる》か年下の高校生たちからシュプレヒコールを浴びせられるという予想外の状況に逆上したのであろう。

しかし、この丸尾の威圧に対し、「それなら上がって言ってやる！」と解同宣伝カーによじ登るという驚くべき蛮勇を振るった生徒がいた。吉村君である。吉村君は、「丸尾さん、あなたは昨日、僕たちの前で、暴力は振るわないとおっしゃったじゃないですか！」（丸尾の申し入れで、事件前日に開催された生徒集会における丸尾の発言を指す）と詰問した。それに対して丸尾は、論点そらしの演説を繰り広げた。宣伝カーを降りた吉村君は解同に取り囲まれ、「なんであんなことを言ったんだ！」「次は何を言うつもりだ！」と詰め寄られ、怖くなって河原に戻った。

吉村君に続いて、解同の宣伝カーから生徒が次々に先生たちへの暴力批判や解同批判を行った。丸尾が「文句があるんなら、ここに上がってきて言ってみ

い！」と言ってしまったため、生徒が宣伝カーに上るのを拒否できなかったのである。歴史上、解同の宣伝カーから解同批判を行ったのは、八高生だけであろう。

暴力を目撃した生徒が、「僕たちは解放同盟が暴力を振るうのを見たんですよ！」と追及すると、丸尾は「確かに先生を殴った、蹴った、水も掛けた。でも仕方なかったんだ！　他に方法があったら教えてくれー！」と絶叫した（これは犯行の自白である）。

警察がデモ許可に必要であるとして生徒側に要求した大人たちの署名が集まり、警察からデモ許可が下りた。執行部から、「3年生が一番前、真ん中に1年生、2年生が一番後ろ」「男子は女子を真ん中に挟んで守る」「隊列の一番前は男子のみ」と拡声器で指示があった。「男子は女子を守る」は、現在では性的役割分担として問題視されかねない。しかし、激しい集団暴力が行われ、八高生のデモも解同に襲撃されることが予想された状況においては当然の対応である。

13時。八高生の隊列は、「暴力反対！」とシュプレヒコールを上げながら河原から道路に上がろうとしたが、解同と警官隊によって繰り返し阻止された。出口は車で封鎖されていた。先頭の男子たちは解同や警官隊と激しく揉み合い、警官に対して、「警察がデモ許可をしたのになぜデモをさせないんですか！」と強く抗議したが、警察が聞き入れることはなかった。この日の私たちの八木河原の集会は「勇気の集会」と言われることがあるが、解同と警察によってデモを阻止され、河原に封じ込められた結果としての集会である。

デモが出来ないまま、八高生は18時頃「暴力反対」を決議し、校歌を歌った。道路から私たちを見下ろしていた解同の中年女性が、「こら！　赤犬！　そんな差別の校歌、歌うな！」と怒鳴った。私たちは敗北感に苛《さいな》まれながら、晩秋の但馬の冷たい小雨が降る暗い夜道を帰った。

2．解同を欺き、校内潜入

私は自転車で一旦自宅に帰ったが、再び家を出て、吉村君の下宿を訪ねた。「先生達を助けに行こう。」私がそう言うと、吉村君は「よし、行くか」と二つ返事で賛成してくれた。剣道部同期で下宿生の上垣正美君も誘った。助け出すための具体策などない無謀な行動だったが、何かをせずにはいられなかった。

偵察をしたが、八高の出入口は抜け道も含めて解同にすべて封鎖され、たき火が焚かれて見張られていた

（解同は学校祭で使う生徒自治会所有の木材を燃やしていた）。そこで正門（当時は西側の門）で、他校の解放研（解同直結の校内組織）であると偽り、解同系団体のゼッケン・鉢巻きを受け取り、身に着けて校内に入った。

本館2階に上がった。解同のゼッケン・鉢巻きの集団が廊下にあふれ、解同の怒号が充満していた。とても先生を助け出すような隙はない。目の高さはすりガラスで中は見えない。せめて目撃だけでもしようと、私は窓の桟《さん》によじ登った。吉村君と上垣君も続いた。

椅子に座らせられうなだれた先生を数十人の解同がすり鉢状に取り囲み、罵声《ばせい》を浴びせていた。先生の正面に立った20歳前後と思われる解同の若い女性が、先生に対して「お前、アカだろ！ 吐け！ 吐け！」と目を吊り上げて怒鳴っていた。

私たちは30代と思われる解同の男に、「お前らの見るもんじゃねえ！ 降りろ！」と怒鳴られた（見られるとまずいという認識はあったようである）。私たちは何も出来ないまま八高を後にした。

3. 文集・新聞の発行と勇気ある印刷所

集団暴行を受けた先生たちが入院して教員不在の時期、八高を運営したのは生徒自治会である。11月25日にはストライキを行い、執行部は連日、解同に屈服した校長・教頭と交渉を重ねた。全クラスで討論が行われ、生徒による自主授業を行ったクラスもある。

マスコミの解同寄り報道に、八校生は怒っていた。真実を伝えようとクラス文集の編集・配布の動きが複数クラスで始まった。執行部も文集『八高11・22その日』の発行を決定した。山崎剛生君（当時執行委員）によると、文集のタイトルは、執行部周辺で「11・22事件」と称していたことに由来する（日本史で習う2・26事件などの事件名をまねたもの）。

印刷方法をめぐり、自治会室で連日、執行部とT先生（自治会担当）との激烈な論争があった。執行委員で文集責任者の山内幹男君（剣道部主将）は、「全国に広めるためには活版印刷だ！」と主張していた。T先生は、ガリ版刷りが高校生らしい、と主張していた。山内君はたびたび激怒して、「T！ お前は！」と怒鳴っていた。一般的な学校であれば、生徒が先生を呼び捨てにして怒鳴ったりすれば問題にされるだろうが、T先生は懐が深い人で、まったく意に介さず、議論の中身だけに集中していた。また、生徒自治に関することなら先生相手でも一歩も引かないのが八高生徒自治会である。

最終的には山内君の主張が容れられた。文集『八高11・22その日』第1集・2集は、計35万6000部という発行部数に至ったことを考えると、活版印刷を主張した山内君に先見の明があった。これは、実業家を父に持つ山内君の経営センスの賜《たまもの》であろう。

印刷を依頼した1軒目の会社には、糾弾される可能性があるという理由で断られた。山内君によると、2軒目の社長さんは原稿を読んでがたがた震え出しながらも、「や、やらせていただきます」と引き受けて下さったということである。文集は、八校生が自分の居住集落に配布するとともに、全国に郵送した。

事件前までは自治会活動に無関心だった私も、何かしなければと思い、新聞部に入部した。自然発生的に入部したメンバーは、私、吉村君、上垣君といった剣道部の面々を含む数人である。

新聞部部長の藤井（現姓：三木）美保さんに記事の書き方を教えてもらいながら、八鹿高校事件特集の「八鹿高校新聞」発行の取り組みが始まった。ちなみに、新聞部顧問の先生は一切関わっておらず（元々そういう伝統である）、私は当時の新聞部顧問を知らない。

若い女性教諭に対して、解同が強制猥褻《わいせつ》に及んで屈服させたことを活字で最初に暴露したのは、「八鹿高校新聞」ではなかったか。なお、この件を調べて記事を書いたのは、被差別部落出身の女子生徒である。

印刷を引き受けていただいた勇気ある会社は、出石《いずし》郡出石町（現・豊岡市出石町）の嶋屋印刷である。私たちは、夜間密《ひそ》かに嶋屋印刷に出入りした。通常の印刷物とは異なり、事件を特集した「八鹿高校新聞」と文集『八高11・22その日』に印刷所名が記されていないのは、印刷所を解同の糾弾から守るためである。

八鹿高校事件後50年近く経ってしまったが、嶋屋印刷および文集を印刷していただいた印刷所に対し、当時の八高生としてお礼を述べると共に、その勇気を歴史の記録として書き留めたい。

4．被差別部落に八鹿高校新聞を配布

当時、南但の道路には「八鹿高校差別教育糾弾！」「日共差別者集団宮本一派糾弾！」と書かれた看板が林立する異様な雰囲気であり、被差別部落は解同一色であった。しかし私たちは、被差別部落の人たちに八鹿高校事件の真実を伝えるため、事件を特集した「八

鹿高校新聞」を配布することを考えた。

　配布対象は解同の一大拠点である。この頃、宣伝隊襲撃事件の話が伝わって来た。また、生徒自治会執行委員長と八高部落問題研究会部長が解同の糾弾対象リストに入ったという情報も、解放研要求生徒とつきあいのある被差別部落出身生徒から伝えられた。解同の活動家の家に「八鹿高校新聞」を配布すると、拉致《らち》・監禁・暴行される可能性がある。配布部隊は志願する男子のみとしたが、無差別配布は危険すぎる。

　私が、対象地区出身で同級生のT君に相談したところ、「俺が案内する」と申し出てくれた。解同の一大拠点だった当時の状況を考えると、凄《すさ》まじい勇気である。T君は、「この家は大丈夫」「この家はやめとけ」と一軒一軒私たちに指示しながら先導してくれた。

　私たちは、別の被差別部落にも配布した後、中学校への新聞配布を計画した。中学校では教師主導で解放研が作られており、生徒が大量に入部させられていた。11月22日には中学校の教師が生徒を引き連れて八高を糾弾しに来て、シュプレヒコールをあげさせていた。

　「八鹿高校新聞」の配布を中学校の教師や解放研部員に見つかったら通報される危険性があった。私たちは、万一の時は中学校隣接集落内の車の入れない細い道を逃走路にすること、配布は逃走路にすぐ逃げ込める場所で行うこと、10分間限定で行うこと、教師には配布しないことなどを申し合わせ、決行した。

　丸尾良昭の地元である朝来郡の中学校にも配布を計画した。前日の下見で、校門付近は逃走路が確保できないことが判明した。そこで校門から約１００メートル離れた別々の通学路に二手に分かれて配布することにした。前日から同級生の家に泊まり込み、翌朝時計合わせをし、登校する中学生に10分間だけ「八鹿高校新聞」を配布し、早足で逃げた。

おわりに

　前川貫治先生（本連載執筆者の1人）は、私に「普通の学校は、校長を屈服させたら終わり。でも八鹿高校は、校長が屈服しても教師は屈服しなかった。教師がやられたら今度は生徒が立ち上がった。八鹿高校の三枚腰。」と語ったことがある。私たちが立ち上がることができたのは、生徒が自分で考え行動する力を育んだ八高の教育の成果であろう。

（はま　みちお／１９７５年前期八鹿高校生徒自治会執行委員長・現在阪南大学教授）

八鹿高校事件から半世紀

第二章　生徒がつづる八鹿高校と高校生活

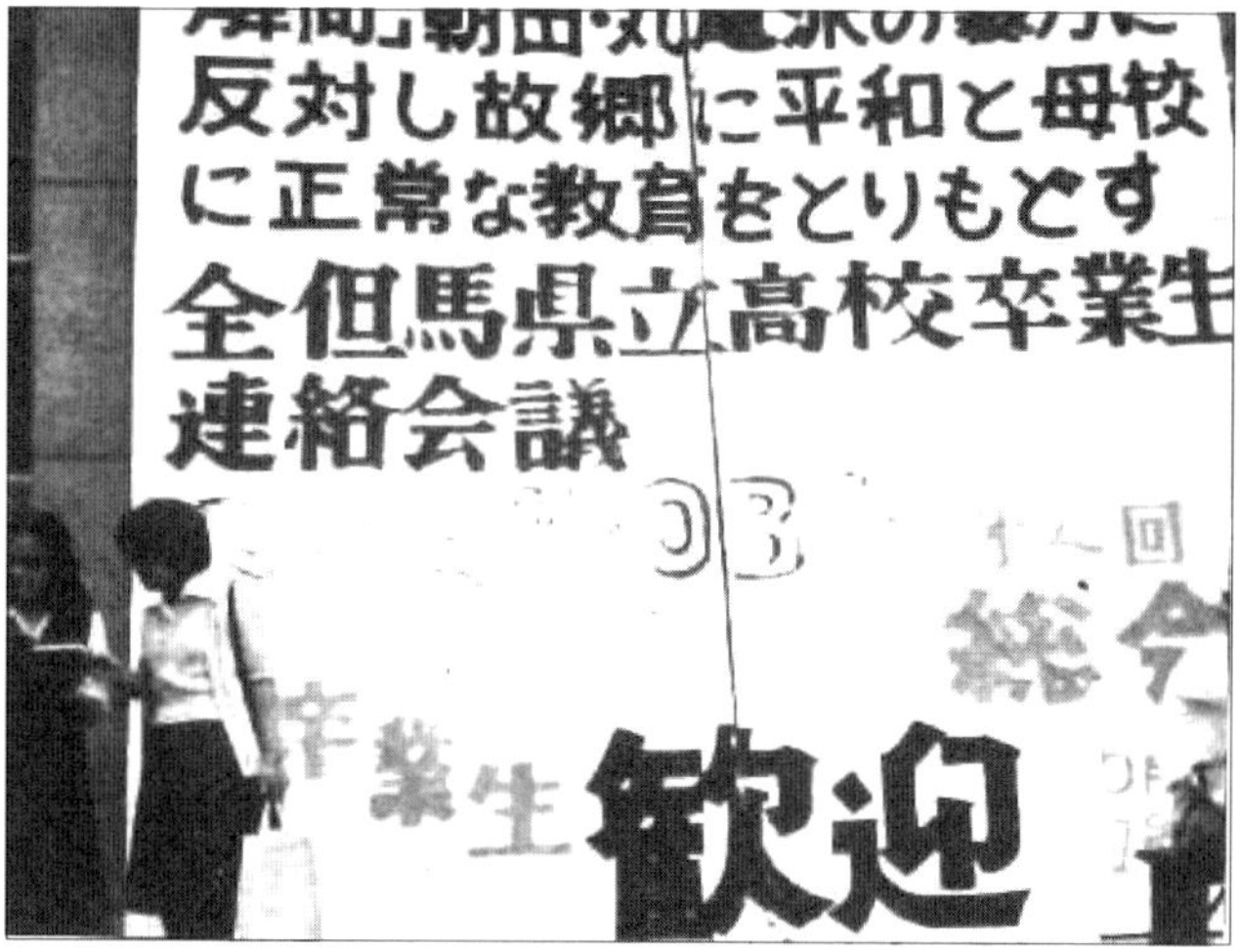

1974年12月22日に結成された全但馬県立高校卒業生連絡会議の第4回総会（於：立命館大学）（兵庫県高等学校教職員組合八鹿高校分会・写真集『八木川　広く深き流れに』1977年より）

八　八鹿高校の教育をふり返って

三木　裕和

1．八鹿高校事件が起きたとき

八鹿高校事件が起きたとき、私は大学受験の浪人生だった。神戸市に住んでいた私は、予備校の帰り、三ノ宮駅の街頭で日本共産党の大型宣伝カーに出会った。彼らは、八鹿高校で起きた異常な事件を知らせていた。先生たちが暴力をふるわれ、多くの重軽傷者が出ているという事実。私は息もできないほど圧倒された。

その夜、近くの同窓生と連絡をとり、実家に電話をかけ、「赤旗」新聞の報道が事実であることを確かめた。翌日から「赤旗」新聞を唯一の頼りに、私たちは活動を始めた。日本共産党と何の接点もない私は、三宮駅の交番に赴き、共産党事務所への案内を請うた。

高校時代の仲間や、生徒自治会役員だった友人と但馬入りした私たちは、部落解放同盟が支配するかのような騒然たる街の様子に驚きながら、八鹿病院を訪ねた。先生を励まし、生徒自治会の後輩たちと話し合いを重ねた。11月22日の事件から1週間余が過ぎた12月1日、「『解同』朝田・丸尾一派の蛮行に抗議し、人権と教育、地方自治を守る兵庫県民大集会」が八鹿の河原で開かれ、全国から多くの人が駆けつけた。「部落解放に暴力はいらない！」「警察は暴行の犯人を逮捕せよ！」という声を限りのシュプレヒコールは、日本の情勢を一気に変える鬨《かちどき》の声だった。

八鹿高校事件は、多くの人にとってそうであったように、私にとっても人生を変える大きな出来事だった(1)。あの日に自分はどう振るまったか。それは私の人生を大きく規定した。

あのとき、なぜ私は「八鹿高校の先生たちは間違っていない」とすぐに信じることができたのだろうか。暴力が支配する但馬の地に帰らなくてはならないと決意する根拠はどこにあったのだろうか。50年を経て、考えてみる。

2. 一人前に扱われている

中学校時代、私は自分で言うのもなんだけど、教師におもねるタイプの生徒だった。教師の覚えのいい、聞き分けのいい生徒。それにはある種の居心地良さもあったように思う。しかし、八鹿高校に入学してみると、それがまったく通用しなかった。教師におもねるように接しても効かない。関心がない。生徒に従順さを求める心性がまったくなかった。思い返してみると、中学時代は「支配と服従」の構造であり、その中でのみ私は優等生だったのだ。

地学科のキャンプも生徒の自主的な運営が貫かれていた。1年生の私たちは、まず2年生のリーダーによってリーダーとして養成され、その生徒たちがキャンプを運営する。活動内容、日課、資材の準備、キャンプファイヤーのあれもこれも、教師はまったく口を出さなかった。リーダーに立候補していた私は、キャンプ日程を立案しながら、バスは何時頃に学校に来るのだろうかと思い、担当教師に尋ねた。すると、彼は平然とこう答えた。「知らないよ。君たちがバス会社に頼まないと、バスは来ないよ。」

えらいことになっている。この学校は、とんでもないことになっている。バスの契約も生徒がしないといけない。それが何の指示もなく、生徒の領域に放置されている。

「自分がしっかりしないとまずい。先生のご機嫌をとってる場合ではない。」

結局、生徒でバス会社に赴き、予算折衝まで行った。会社の事務職員は手慣れた感じで何の問題もなかったが、今にして思うと、先生たちはどこかでバス会社と連絡を取っていたに違いない。そう思うが、真相はわからない。

八鹿高校で感じた最初のショックは、裏返して言うと「一人前に扱われている」という感覚だった。それは「強い人から評価されたい」という呪縛から解放された瞬間であり、自立的にものを考える出発点でもあった。

3. 学問的な香り

八鹿高校は、学問的な香りのする学校だった。例えば、世界史を教えてくれた前川貫治先生は、開講当初、私たちにこう問うた。

「I study（　）history. さて、historyの前置詞は何でしょう。」私たちは当たり前のように、それは定冠詞「the」であると答えた。しかし、辞書を引いてみて分かったのだが、正解は「a」、不定冠詞だったのだ。歴史というのは見る人によって、解釈する人によって、置かれた立場によって異なると彼は語った。

「私の授業は大学受験には役に立ちません。受験勉強は各自で行ってください」と宣言して始まった週1時間の選択世界史は、帝国主義の成立から第二次大戦の終わりまでを扱い、「打倒ヒトラー」とも言うべき授業構成だった。通り一遍の通史ではなく、いくつかのポイントに絞った詳論が続いた。

この型破りな授業がホントにおもしろかった。わくわくするような気持ちで授業を受けた。私たちは学問のとば口に立っていると感じ、友人たちと生硬な議論をしたがった。何かの扉が開かれたような実感を得ていた。

八鹿高校の授業は、教師それぞれで個性的であり、面白さ（や面白くなさ）もさまざまだった。物理の先生は力学の実験を何度も試みて、理系生徒はワイワイと取り組み、他の者はひたすら付き合った。現代国語の授業では、作品解釈をめぐって生徒と教師の白熱した議論、もしくは言い争いが起きたりもした。しかし、どの授業も真理を尊重する雰囲気は共通していて、一言で言えば、とっても楽しそうだった。

「学校が学問的であるなんて、当たり前だ」と言う向きがあるかもしれない。しかし、それは事実を知らない人の意見だ。現代日本の学校教育がどれだけ学問的志向を失っているか、そこに身を置く者には痛切に感じられる「残念な事実」なのだ。

しかし、八鹿高校の教師たちは閉鎖的なアカデミズムを楽しんでいたのではない。むしろ、そこにあったのは反骨と自由の精神だったように思う。旧弊さや権威にとらわれない学問の精神は、「違うことを違う」と言い切る勇気を決して手放さなかったし、私たちはそこに信頼を寄せていた。この反骨と自由の精神こそが歴史的事件に耐え抜いた力だと思う。

4.「僕はこんな同和教育はイヤだ」

高校1年の時だった。ホームルームで同和教育が始まろうとしたとき、友人のYくんが私にそっと言った。「僕、今日は帰る。歴史を学ぶだけの同和教育なら、つらい。」彼はいわゆる被差別部落の出身だった。

私はその授業で発言した。今、歴史を学んでいるのだけど、本当は現実を知る方がいいのではないか。部落出身の者にとって、この授業はよそよそしく感じられるのではないか。

担任教師は、部落問題の歴史を学ぶ意味について、彼なりにていねいに説明してくれたが、私はYくんのこともあって、簡単に引き下がれなかった。担任は、放課後に班長会議を開いて話し合うことを提案し、その授業は終わった。放課後、かなりの時間話し合った。歴史を学ぶ意味、現実を知ろうという気持ち。同じ教室で学ぶ仲間に、固有の事情があることをどう受け止めるのか。結果、歴史も学ぶし、辛い実態も知るという方向で一致を見た。

大事な課題は、そう簡単に結論は出ない。簡単に結論が出るようなら、こんなに困らない。しかし、私が納得したのは、担任教師が結論を押しつけなかったことだ。みんなの意見をよく聞いてくれたし、私の知る事情にも配慮してくれた。部落問題を専門的に学ぶタイプの先生ではなかったが、だからこそと言うべきか、この民主的な態度に真実味を感じることができた。

八鹿高校事件が起きたとき、「八鹿高校の教師が解放研の設置を認めない、だから差別者だ」という論法があったが、それを私が信じなかったのも、こういった背景があったからだ。

歴史を振り返ると、部落問題の論理的解決は、八鹿高校事件を経て歩幅大きく前進した。

「現代日本の独占資本は、戦前の日本資本主義とは異なり、前近代的・半封建的なものと癒着し、それに依存しなければならない必然性や必要性を構造的にはもっていません。したがって独占資本と反動権力の横暴な専制的支配を民主的に規制し、民主主義を確立・推進するたたかいを前進させるならば、封建的身分差別からの解放という課題、部落解放の状態は、資本主義の枠のなかでも実現させることができます」[2]とする国民融合論は、その後の部落問題の解決に決定的な役割を果たした。

しかし、それまでの理論探求段階、率直に言えば、理論的混迷の中にあって、学校現場は部落問題をどう扱うかについて本当に困っていたのだと思う。部落問題を倫理的・情緒的衝突として扱い、国民同士を敵対関係として捉えるのか。資本主義の差別構造では解決できない階級闘争課題と捉えるのか。民主主義の確立こそが部落解放の本当の力となり得るのか。

私たちのホームルームの議論も、この理論的混迷と無関係ではなかったように思う。でも、だからこそ結論を性急に求めずに、感情的になることなく、人の意見に耳を傾けることが極めて重要だった。八鹿高校事件が起きたとき、私が母校に感じていた信頼はこの冷静な論理性だった。人の意見を聞く先生たちなのだ、という感覚は民主主義への信頼につながっていたように思う。

部落問題の歴史的前進に大きく寄与した八鹿高校事件だった。先の前川先生は「私たちはワルシャワ蜂起に終わるかもしれないと思ったが、ノルマンディー作戦の落下傘部隊になれた」と事件後に語っている。

八鹿高校教師が受けた精神的・身体的犠牲はあまりにも大きかった。しかし、その勇気がもたらした歴史的価値は、この苦難を超えて重く存在している。八鹿高校事件から「どう生きるべきか」を教わった者の一人として、定冠詞「the」をつけてそれを語りたい気持ちでいる。

註

(1) 幹ヒロシ「私にとっての八鹿高校事件」『文化評論』1993年2月号、504〜514頁
(2) 杉之原寿一「部落解放理論と馬原鉄男先生」『立命館経済学』第41巻第5号、1992年、508頁

(みき　ひろかず／事件前年の卒業生、兵庫県立支援高校教師を経て鳥取大学特任教授、4月から立命館大学教授)

八鹿高校事件から半世紀

第二章　生徒がつづる八鹿高校と高校生活

「あれからちょうど1年たちました。場所も日時も同じその八木川原から全国のみなさんにアピールします。」
八木川原から全国へのアピールを発表する八鹿高ＯＢ会員。
（兵庫県高等学校教職員組合八鹿高校分会・写真集『八木川　広く深き流れに』１９７７年より）

九　私が教師になったきっかけは八鹿高校事件

坂上　浩一

はじめに

私が教師になったきっかけは八鹿高校事件である。大阪大学理学部を卒業し、もう少し学問を続けようと大学院に進み修士課程を終えたときには、企業ではなく教員の道を迷わず選んだ。

立命館中学校高等学校の採用試験を受けたとき、面接していただいた当時の橋本校長と竹上副校長に、八鹿高校事件の体験、教師集団と生徒の信頼関係、教育は不当な圧力に屈することなく自由な教育実践が大切だと知ったことなどを話した。２人の先生は事件直後、八鹿高校の支援に行かれたようで、その接点で採用が決まったと思っている。

八鹿高校事件当時の在校生だったということで、立命館中学校高等学校では、馬原校長の頃、人権同和教育委員会の委員長を引き受け、それ以降、京都の私学の同和教育研究会（現私学人権教育研究会）の常任委員や会長を務め、人権教育に携わってきた。馬原校長が、南アフリカの人種解放運動の劇団「アマンドラ」の本校公演を実現された。その生徒たちの感動を残そうと『アマンドラがやってくる』の本も発行したことは記憶に残っている。

私の教育観・生徒観は、人権教育を通して身に付けてきたと思う。人間誰しも、怒られるよりほめられる方がやる気が出る。生徒だって同じ。生徒の意見表明権を大切にすることから本物の教育は始まる。このことは、八鹿高校の教育の原点でもあったと思う。

1．小学校・中学校時代

私は、周囲が山に囲まれた山東町諏訪の兼業農家に生まれた。母がいうには、姉2人で3人目が男の子であることを待ち望んでいたらしい。私は長男末っ子として大事に育てられ、田舎では男尊女卑の封建的な考えが根強く、食事の時には、男というだけで姉たちよりも皿数も量も多かった。私はそのことに疑問をもてなかった。

私の父は、兄がフィリピンのルソン島で戦死したことから、大阪逓信局で将来を嘱望されていたにもかかわらず、不本意ながら家業の農家を継いだ。自分が希望した道に進めなかったという思いからか、あるいは農業の将来に確信も持てなかったのか、父は私たちが勉強することを支援し、励まし、村では珍しく3人とも大学に進学できた。

人と争わない、争うことが嫌いな素朴な私の性格は、末っ子長男で大事にされたこと、母はグンゼに勤務していて、小さいころは母より祖母に面倒を見てもらった成育歴によるかもしれない。2人の姉の後ろ姿をみて育ち、小学校・中学校で何をどのように学ぶのか、見本があったので迷うことは少なく、参考書もそろっていたので、学校の勉強は好きで負けず嫌いだった。梁瀬《やなせ》小学校での成績は優秀だった。走るのも早くいつも1番でゴールテープを切った。母も走るのが得意で、運動会では大きな声で声援してくれたのを覚えている。成績がトップだったからか、児童会長になった。

梁瀬中学校に上がると、入部するクラブをどれにするか悩むが、2人の姉と同じバスケットボール部に入り、のちにキャプテンも務めた。放課後を一緒に過ごし、苦楽を共にしたクラブの仲間がやはり一番の財産だったように思う。当時を思い起こしてみるに、私は冗談を言って、人を笑わせることが得意な人気者という感じだった。成績もトップで、１００㍍走でもトップで、３年前期に生徒会長も務めた。両親にとっては自慢の息子だったと思う。しかし、そのことで本当に人間的に成長できたのか、それほど充実感のない中学生時代であったようだと今は当時をふり返っている。

　その頃は兵庫方式といい、高校への進路選択のとき、学校の内申の成績順に進学先の学校定員の人数枠に振り分けられた。普通科では八鹿高校、生野高校と各中学校からの定員で決まり、いわゆる選抜試験がなかった。八鹿高校の学区は南但馬地域で、成績上位層が集まった。楽しく過ごしたクラスの仲間がそれぞれ輪切りにされて進学先が決まることは気まずいというか、少し抵抗感があったのを覚えている。

2. 八鹿高校での体験

ユニークな授業

　八鹿高校に入学したとき、新入生を前にして１人の先生が「君たちが高校を選ぶときに嫌な思いをした人はいませんか。私たちは希望する学校に進めない人がいる兵庫方式に反対しています」と、最初のオリエンテーションで話されたことが印象に残っている。中学校３年生の卒業前に感じた違和感のある嫌なエリート意識、それを代弁してくれていると納得した。

　高校で受けた授業で印象に残っているものを取り上げてみる。地学の四方先生の授業。家でラジオの気象通報を聞いて書き取り、それを天気図に仕上げて提出するという課題があった。これは地学科でずっと引き継がれているようで、結構楽しかった。姉の見本があり、私の天気図が選ばれ、地学室の前に掲示されることが多かった。夏休みの岩石採取の課題もあった。みんなけっこう苦労した課題だったと思う。

　１年生の時の剣道の授業がもの珍しく、防具が汗臭かったのが忘れられない。担任は藤村先生であったが、着替えが遅いと厳しく注意されたのを覚えている。体育の夏休みの課題がユニークで、毎日の新聞を切り抜きコメントを書くというものだった。なんで体育の課題なのか分からないが、高校生に新聞を読ませるいい方法だったと思う。真面目に取り組んだので高い評価を受けた。

　さらに印象深い先生方がいた。世界史のフランス革命を熱く語った前川先生。左翼学生の書く立て看板のような字で板書していた国語の木俣先生、この先生は教員室でいつもマンガを読んでいて有名だった。当時の私は大学受験を意識して、受験で不要な教科の授業では内職をして、申し訳なかったと思う。3年生で日本史を担当してもらった片山先生の授業はレベルが高く、もっとしっかり受けていたら面白い授業だったと反省している。

生徒の自主性の尊重

私を成長させた八鹿高校の自慢できる教育内容について紹介する。それはホームルーム運営や行事を生徒に任せていたことだ。1年のときクラスのホームルーム運営委員に選ばれ、週1回のホームルームの内容を企画して、他のクラスと合同で行ったり、レクリエーションの場所などを調整した。夏休みには研修合宿もあり、先輩から体験談を聞いて参考になった。

そして、1年生時の鉢伏高原での全員キャンプである。テント立て、飯盒炊さんなど、トイレも何もない場所でのキャンプなので、班で分担して物資を担って登山するのである。1年生にとっては本当にしんどい体験になった。しかし、みんなで励まし合いながらの登山、ここでの体験がクラスでの人間関係を築き、学年の生徒集団がまとまったと思う。

実は、このキャンプは「本番」で、事前に、選抜されたメンバーが同じ鉢伏高原での「リーダーキャンプ」を経験する。私もホームルーム運営委員ということでこのリーダーキャンプに参加し、ここで経験したことを踏まえ、本番のキャンプで指揮した。私はトイレなどの野営を任され、本番ではトイレの掘り方を説明したことを覚えている。5つ上の姉が八鹿高校に入学してまもなく、ザックや飯盒やコップ、ナイフなど一式を父に買ってもらったときから、この高校で大変なキャンプがあることはうすうす知っていた。私はそれを引き継いだのでキャンプ道具はそろえる必要はなかった。

このキャンプは長い伝統で、私が大学4年生の6月に教育実習を2週間させてもらったが、体育の恩師にキャンプに参加するように言われ、最終の土・日の実習簿はテントの中で仕上げた。毎年、小さくて分厚い歌集が全員配布され、ホームルームで活用し、修学旅行、行事で歌うことを重視していたのも八鹿高校の伝統だと思う。歌集には、流行のポピュラーからフォークソングやキャンプの歌とか、反戦歌もしっかり入っていたように思う。

文化祭や体育祭は学校祭といったが、生徒自治会や実行委員や体育委員を中心に生徒が運営した。当日の教員はというと審査員の役割はあったが、楽しそうに笑って見ているだけだった。文化祭で私のクラスは、1年生の時は八鹿町の産業紹介の展示、2年生の時は演劇「真夏の夜の夢」、3年生の時は人形劇に取り組んだ。演劇の題材は、シェークスピアの作品が多かったし、宝塚歌劇を観劇して準備するなど本格的だった。2年生で取り組んだ「真夏の夜の夢」の脚本は、10マス計算で有名になった陰山くんが夏休みに書き上げたもので、私はオーベロン王の役で出演し、セリフを忘れて笑いをとって大衆賞という特別賞を受賞した。3年生の人形劇は、高校への汽車通学で同じ梁瀬駅で乗り降りし、いつも隣に座り、今でも親しい田中くんと楽しく取り組んだ。

体育祭は文化祭より後で行われ、「あの感動をもう一度」ということで、文化祭の演劇の衣装が体育祭の日まで残され、仮装行列で盛り上がった。各応援団席のバックデコレーションはどれも大作だったし、応援団による応援合戦も盛り上がった。体育祭の最後は、どこでも定番のフォークダンスであった。オクラホマミキサやマイムマイムなど、本当に懐かしい思い出である。

3. 八鹿高校事件

八鹿高校事件のとき、私は2年生後期のクラス委員長であった。事件当日のことはよく覚えている。朝、担任の栂井先生と副担任の高野先生から「今日は正常な授業ができない。身の危険を感じるので、私たちは年休を取らせてもらう」と話があり、「これから起こることは君たちの目でしっかり見ておいてほしい」とも付け加えられた。担任の先生の顔色はよくなかった。

誰も帰ろうとすることもなく、私たちはクラスでどうするか話し合っていた。どのぐらい時間がたっただろうか、外から生徒の悲鳴のような声が聞こえ、「先生が暴力を受けている、先生を助けよう、これからは統一した行動をとろう」と、3年生からの指示があった。下校を始めたが、私たちの学年は警察に向かった。警察署の前まで行くと、あとから、顔に怪我をされた中尾先生が来られ、私たちに暴行の事実を話された。

それでも警察は動かなかった。しばらくして、町の人に知らせようと八木河原に向かった。隊列を組んで準備をしているところに部落解放同盟の宣伝カーが現れ、対峙することになった。解同のMは暴力をふるったことは認めた。しかし、その間も学校では暴力が続いていていたことはみんな知らなかった。「先生たちを助けてほしい」と町の人に訴えられなかったことが大変悔しかったが、駅に向かい帰宅の途についた。

その後、授業が再開できるめどがたつまで、委員長会や執行部員らと連絡をとって同盟休校を決めた。そして、授業が再開しない場合のための自主学習を編成した。事件後の生徒自治会の動きは、総会で生徒の決議を決めたり、文集『11・22その日』を発行したりと有志の生徒や執行部の連中はよく頑張ったと思う。

解放研を要求する生徒のことはクラスにもいて気になっていたが、やはり民主的なルールを無視して設置されたことを生徒自治会として認めるわけにはいかなかったし、外部からの圧力で変更させられることは許せなかった。

4. 就職して

立命館中学校高等学校に就職してから、八鹿高校事件について生徒の前で語る機会はそれほど多くなかったが、高校の文化講座の1つを担当したとき、自分の八鹿高校での体験を話す機会があった。高校時代の体験ということで生徒たちは興味深く聞いてくれた。暴力では何も解決しないこと、先生と生徒の信頼の大切さを強調した。話を聞いた生徒の中には教員の道を選んだ生徒もいた。

「八鹿高校事件」の映画フィルムを兵庫高教組から借りて、教職員組合の主催で上映会と私の講演をしたこともあった。この映画の1シーンで警察署の前でしゃべっている長髪の生徒、それは私である。

3年生の夏に山崎くんに誘われて、映画集団「8の会」の撮影会に参加したときの収録だったが、私の青春を記録する貴重な映像となった。先日、「ユーチューブで八鹿高校の頃の先生を観ました」と同僚に声をかけられた。

現在も再雇用教員として週3日、立命館中学校高等学校で教壇に立っている。今も生徒と一緒にいることが楽しく、ストレスなく過ごせているのはなぜか。それは生徒を管理の対象ととらえるのではなく、自由な環境の中で、どの生徒も認められれば育つということに深い確信があるからだと思う。その源流は、八鹿高校の教育である。

（さかがみ　こういち／事件当時2年生、高校教師、現在も再雇用教員として勤務）

八鹿高校事件から半世紀

第二章　生徒がつづる八鹿高校と高校生活

1975年6月22日、八鹿高校但馬OB会結成総会（兵庫県高等学校教職員組合八鹿高校分会・写真集『八木川　広く深き流れに』1977年より）

十　私と八鹿高校事件

田中　直

1. 幼少期の記憶

私が生まれ育ったのは、兵庫県朝来郡（現在は朝来市）山東町である。所謂「平成の大合併」により行政単位としての山東町は消滅したが、町には当時、梁瀬《やなせ》・与布土《ようど》・粟鹿《あわが》という3つの小学校があった。梁瀬小学校には、京都府天田郡（現在は福知山市）夜久野町に隣接する磯部地区の子どもたちのために分校が置かれ、私は小学4年生までこの磯部分校に通っていた。[1]父は国語教師であり、1950年から豊岡高校に勤務した後に、1960年代半ばには八鹿高校に転勤していた。

磯部地区に同和地区がなかったこともあり、中学生になるまで部落差別について意識したことはない。幼少期の思い出としては、近所にあった児童養護施設「若草寮」の子どもたちとの記憶が鮮明だ。同施設は、私の大叔父が敗戦後に戦災孤児の養護を目的に設立した社会福祉法人で、磯部分校の同級生14名のうち4名は施設の子どもだった。

里山では一緒に遊んだ。スイッパやダンジ（虎杖《いたどり》）など、口に入れられる山野草は何でも彼らのおやつだった。なかでも最高の御馳走がアケビだった。秋に実をつけるこの蔓《つる》性の果実を、彼らはめざとく見つけて木によじ登り、その場で食べてしまう。そのため私は、あの薄紫色をした楕円形の果実の味をいまだ知らない。夏には篠竹で作る水鉄砲や豆鉄砲、冬には孟宗竹を割って焚火《たきび》で曲げ、長靴のゴムを取り付けたスキーなど、彼らの遊びの技術には瞠目《どうもく》するしかなかった。

一方、私たちが履いていた子ども用のスキー板、駄菓子屋で売っていた奴凧《やっこだこ》やゴム動力のプロペラ飛行機などの遊具は、彼らには眩《まぶ》しいものだったに違いない。口喧嘩はいっぱいした。心ない言葉で彼らを傷つけた直後、家の窓が投石で破られたこともある。母は何も言わず、硝子屋に修理依頼の電話をしていた。

2.「兵庫方式」下での中学生活

梁瀬中学校では、残念ながら良い思い出がない。兵庫県では当時、「兵庫方式」と呼ばれる内申書のみによる高校入学選抜が行われており、中学校では部活動偏重の管理教育が徹底されていた。

活動の大半は運動部だ。虚弱で運動が苦手だった私は、学校に居場所を見つけられず、書物と音楽に耽溺《たんでき》していった。とりわけ心惹かれたのが、父の書棚の奥に全巻が揃っていたバートン版『千夜一夜物語』（大場正史訳）だった。完訳が出て間もなかったこの書物は、古沢岩美画伯による極彩色の挿絵が添えられた美本であり、隠れ読んでいると抑圧的な学校での時間を忘れることができた。坊主頭の中学生だった私は、夜ごとシェヘラザードが語りなす耽美《たんび》的で淫猥《いんわい》かつ残酷な美女と魔神の物語に酔った。

中学校にはNという同和地区出身の同級生がいた。定期試験では常に学年のトップを争い、運動能力も抜群だった。Nも八鹿高校に進学したが、事件前後からは別人のように生気を失っていった。Nの父親も八鹿高校の卒業生で、「解同」には批判的だったと聞く。私たちと解放研の生徒たちとの板挟みとなり、他人には窺《うかが》い知れない葛藤があったのだと思う。京都の私立大学の神学部への進学を希望して教会に通っていたと聞くが、卒業後まもなくオートバイ事故で死亡した。

事実上の自殺に近い印象を持ったのは私だけではなかったはずだ。

3. 個性的だった授業の数々

兵庫方式では、9教科の評価点がすべて同等に扱われるため、数学と体育の成績が極端に悪かった私は、梁瀬中学校に30名弱（全生徒の約2割）が割り当てられていた進学枠のおそらく最下位の成績で八鹿高校に入学したに違いない。入学が決まった春休みの解放感は忘れられない。私は髪を伸ばし始めた。

英語・国語・社会以外の教科はほとんど劣等生と言ってよい成績だったが、前川貫治先生の世界史や高野敢先生の倫理社会は熱心にノートを取った。

高野先生の倫理社会では、1学期のかなりの時間をマルティン・ブーバー（オーストリアのユダヤ人宗教哲学者）に費やしたのではなかったか。試験は論述式で、私は『我と汝』の感想を行分け詩の形式で書いて提出した。返却された答案には「残念ながら良い点数はあげられません」と書かれていた。

前川先生にはレコード愛好サークルの顧問を引き受けていただいた縁もあり、現在も親しくさせていただいている。高価で買えなかったバッハの「マタイ受難曲」や「ロ短調ミサ」などのレコードをお借りし、カセットテープに録音して繰り返し聴いていた。

「解同」の最大の標的とされた片山正敏先生は、高校2～3年生の副担任だった。3年生の日本史では、1学期の大半は荘園形成史に関する授業だったように記憶しているが、史料を駆使した授業は私には難解だった。石母田正『中世的世界の形成』を大幅に参照して展開された授業ではなかったかと思うが、間違っているかも知れない。もう少し真面目に聴いておくべきだったと後悔している。

4. 体育での野外活動

苦手だった体育の授業についても触れておきたい。八鹿高校の体育で特徴的だったのは、野外活動（キャンプ）である。1年生の7月に実施されるハチ北高原でのキャンプは、まさしく「野営」実習と言うべき過酷なものだった。事前準備として細く割った竹を針金や麻紐でつなぐ簀《す》の子作りがあった。これを各班でつくり、当日は分解して炎天下の山道を背負って登るのである。到着後は、休憩する間もなくトイレを設営する。深く掘った穴の四方に柱を立ててムシロを張りめぐらせた簡易トイレだ。トイレ作りの記憶は鮮明だが、そこで用を足した記憶はない。疲労困憊し、便意も失せてしまっていたのだろう。

体育でのキャンプは地学（天体観測、天気図作成など）と連携して実施されていたが、付随して歌の試験もあった。１人ずつ教官室に呼ばれ、その場で出題される歌を暗唱させられる。試験当日、私に出題されたのは「キャンプ料理の歌」だったが、私はその歌詞に見られる調理手順の問題点を指摘した上で（面倒くさい生徒であった）全曲を歌い切った。担当は、藤村和弘先生だったと思う。

うたごえ運動的なノリは苦手だったが、事件前夜の長時間にわたる職員会議の重苦しい雰囲気のなか、休憩を取って当時流行していた「およげ！　たいやきくん」を全員で合唱した後に議論を再開したという話を聞くと、歌の力というものが確かにあったのかも知れないと思う。いずれにせよ、体育で歌のテストを実施していた学校は珍しいに違いない。

５．受験指導と職業科の生徒たち

八鹿高校の教育といえばホームルーム活動に言及されることが多いが、受験指導が疎《おろそ》かにされていたわけではない。大手予備校が全国規模の模擬試験を展開し始めていた時期だったが、但馬の高校生たちはそうした模試を受験することが困難な地理的条件に置かれていた。そうしたなか、年に数回実施される校内模擬試験の結果は、私たちが受験校選択で参照できる貴重な資料であり、その成績にもとづく合否予測はかなり精度の高いものだった。問題作成の苦労は大変だったと推察する。

一方、１学年10学級のうち３学級が職業科（農業・畜産・生活）だったことによる様々な軋《きし》みが、私たちの高校生活に大きな影を落としていた。

前身が蚕業学校だったことを想えば、職業科こそが八鹿高校の本来的な伝統を継ぐものであったのかも知れないが、戦後は南但（但馬地方南部）の進学校として北但の豊岡高校（戦前は旧制中学と高等女学校）と国立大学への進学者数を競っていた八鹿高校では、兵庫方式で輪切りにされた最上層が大学進学を目指す普通科の生徒と、農業にも畜産にも関心が薄く、どこにも行き場がなく入学してきた職業科の生徒たちが同じ校舎に同居していることが様々な軋轢《あつれき》をもたらしていた。

梁瀬中学からの進学者がおらず、職業科に私の友人はいなかったが、普通科と職業科の間に存在する大きな「壁」が、八鹿高校事件の背景に存在したことは否めない。(2)

6. 事件前後

1974年（当時2年生）の夏休みが終わった頃から「解同」による南但地方の糾弾闘争は激化したが、9月の学園祭（文化祭、体育祭）は例年どおり平穏に行われたと記憶している。

しかし、11月になり解放研生徒が各クラスを回って「カタリ」と呼ばれるアジテーションを行うようになった頃からは、さすがに「紅旗征戎《こうきせいじゅう》吾が事に非ず」(3)と嘯《うそぶ》いているわけにはいかなくなった。父の帰宅は連日深夜に及び、母は心労で憔悴《しょうすい》しきっていた。幼い芸術至上主義者は、但馬に吹き荒れる狂気と暴力の嵐の前にあえなく方針転換を余儀なくされた。

11月22日の事件前後の記憶はきわめて断片的だ。事件当日の生徒たちの行動については多くの証言や記録があり、私が追加すべきものはない。私は八木川原に集まった生徒たちの1人であるとともに、旧体育館で凄惨《せいさん》な暴行を受けている教員が肉親であり、気が動転していた。家に電話すると、母は帰宅を急ぐように促し、私は川原での集会を途中で抜け出し、午後6時までには自宅に戻っていたと思う。父の安否について連絡が入ったのは、深夜だった（頭部・左臀部・左右間節部打撲傷などと診断され、2週間の入院加療を要した）。

翌日が祝日、翌々日が日曜だったのは幸いだった。「解同」が家を包囲し、投光器が設置されて大音量の拡声器で糾弾されるのではないかという恐怖は、あながち杞憂《きゆう》とも思えず、母と私は雨戸を閉め切った家で、息を潜めるようにして週末を過ごした。

週明けの25日は同盟休校だったが、早朝に私は友人数名と和田山中学校（解同の教育介入が激しかった中学校）の生徒に事件を知らせるビラを配りに出かけた。和田山中学校の解放研生徒に見つからないように数分で配り終え、急いで自転車を漕《こ》いで和田山駅に戻ったところ、駅頭では生徒自治会の面々が大々的に宣伝活動を行っており、カンパ箱には紙幣が溢《あふ》れていた。「解同」の恐怖支配が終わった瞬間だった。

京都の大学に行っていた兄も友人を連れて帰省し、雨戸は開け放たれた。12月1日には八木川原で全国から1万8500人が参加したとされる大集会が開催されるなど、形勢は完全に逆転していった。12月10日の生徒自治会の臨時総会では、執行部が提案した決議案のうち、校長・教頭・県教育長らの辞任要求に反対する修正案が出されたが、私は原案を強く支持する発言を行ったことを覚えている。

事件後、非日常的な高揚感の余韻《よいん》から抜け出せない級友もいた一方で、職業科の教室はひどく荒れ、授業中のボヤ騒ぎもあった。成績が下がる一方だった私は危機感を覚え、3年次は受験勉強に専念した。友人の多くは関西圏の大学に進学したが、事件の記憶から逃れたかった私は東京の私立大学を選択した。

7. 亡父のこと

最後に、父についても触れておきたい。

文学少年がそのまま大人になったような父とは、よく晩酌《ばんしゃく》につきあい、詩や小説の話をした（千夜一夜物語の話は黙っていた）。

事件当日は48歳の誕生日だったが、２００８年8月に81歳で亡くなった。病床で最後に読んでいたのは、小松英雄『仮名文の構文原理』だった。死の直前まで古文授業の準備をしていたのかも知れない。「明月院文雅暢適居士」という戒名も、病室で一緒に考えた。

ＹｏｕＴｕｂｅで全編が公開されている『映画八鹿高校事件』では、父が大活躍しているが、私たち家族は、事件当時のつらい記憶とともに映し出される田舎町の風景への幾分かの郷愁を覚えつつ視聴している。

註

（1）磯部分校には4年生までが通い、５・６年生は分校から約3㎞離れた本校に通学していた。同分校は、児童数減少を理由に１９６８年3月をもって廃校となった。私はその最後の4年生に当たる。

（2）事件後の１９７６年に職業科は分離され、兵庫県立但馬農業高等学校が新設された。

（3）19歳の藤原定家が、日記『明月記』治承4（１１８０）年に書きつけた言葉。源平騒乱のさなか、「朝廷の征伐戦争など俺の知ったことではない」という貴族歌人の芸術至上主義宣言として知られる。「紅旗」は朝廷の旗とされるが、私は日本共産党の赤旗をなぞらえて口にしていた。

（たなか　すなお／事件当時2年生、無職）

八鹿高校事件から半世紀

第二章　生徒がつづる八鹿高校と高校生活

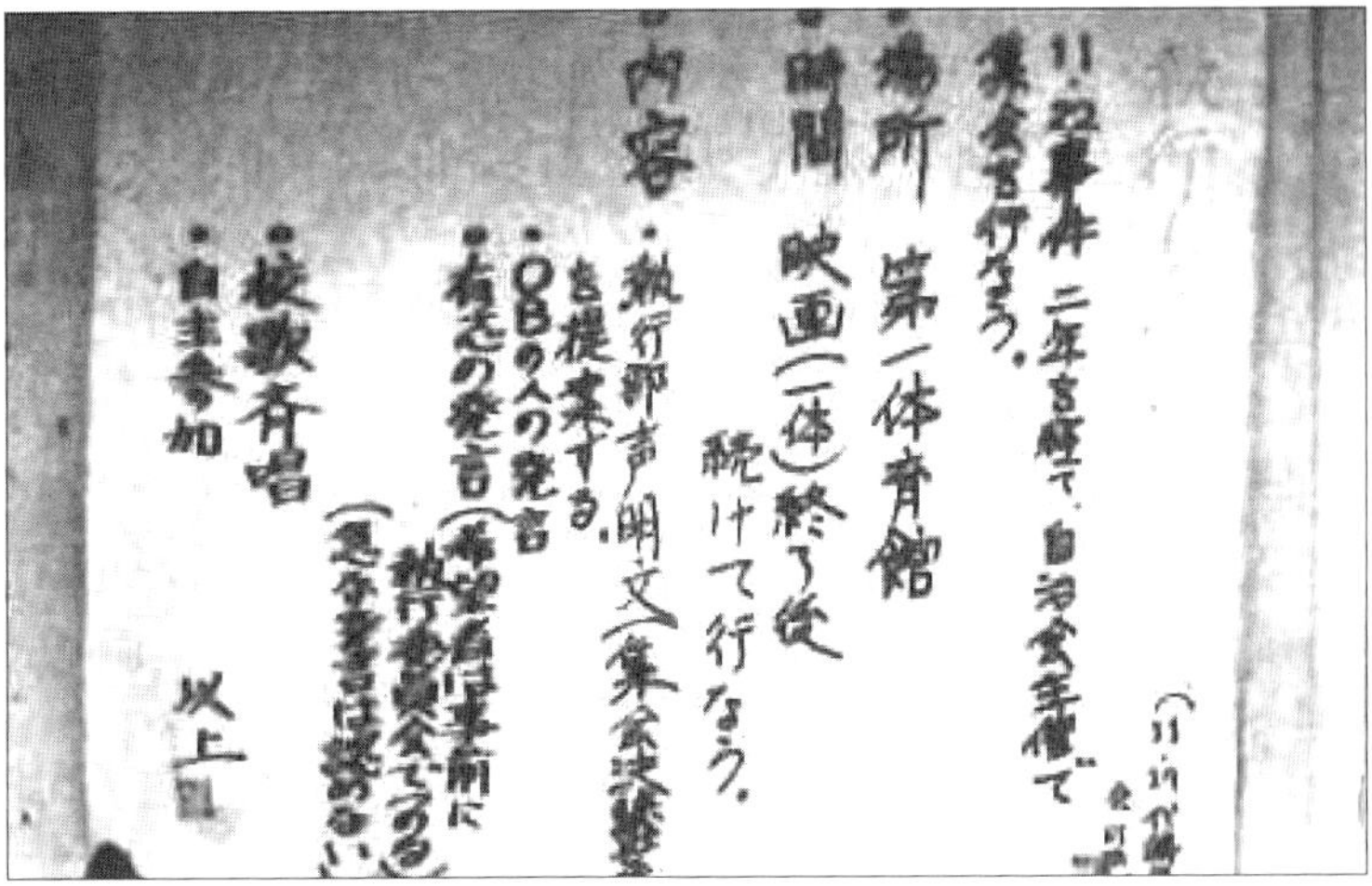

生徒自治会の2周年記念行事原案
（兵庫県高等学校教職員組合八鹿高校分会・写真集
『八木川　広く深き流れに』１９７７年より）

十一　高校生活の思い出

三木　美保

１２００名近い高校生が通学していた八鹿高校で、１２００の高校生活が営まれていた。そのどれもが現実であり、今では思い出となっていると思う。

これは、私の目を通した私１人の高校生活だ。他の人たちがどんな高校生活を送っていたのか、どのように八鹿高校事件を捉え、その後をどう過ごしたのか、話ができればいいなぁと思う。

１．食堂

八鹿高校での生活をふり返るとき、多くの思い出の中でひときわ印象に残ったのが「食堂」だ。入学の半年前、友人と八鹿高校の文化祭を見学に行き、古い木造の建物の１階に古く暗い食堂があるのを見つけ、多くの学生たちが出入りするのを憧れてみていた。帰り道で話したのは、「入学したら、食堂で１回はご飯を食べよう」と言うことだった。

その食堂には調理員さんが3人いらして、昼時は手際よく、忙しくされていた。そのお1人は色白でお綺麗で今でも顔が浮かんでくる（他の方は写真を見て思い出した）。

入学後、その友人と「今日は食堂に行くで」と覚悟をして、人が少なくなった時間を見計らって瓶《びん》入りの珈琲《コーヒー》牛乳を買いに行った。確か座って新聞か何かを読んで居られたようだったが、さっと笑顔で立ち上がり渡して下さった。その後は、珈琲牛乳があまりに甘かったので、2人で牛乳と珈琲牛乳を買い、半分に混ぜて飲む常連となり、度々通った。

カレーライスとうどん、パンも並んでいたように思う。弁当を持ち込んでうどんを食べる国語の先生や2、3年生に混じって食べるのは、少し大人になった気分だった。

但馬地方は谷が深く、山間からの登校はバスの便も限られ、時間もかかる。何人かの生徒は親戚や下宿先に身を預け、通っていた。弁当を提供する下宿もあったようだが、この食堂は彼らの昼食や空腹を満たす場でもあったと思う。その下宿先は八鹿高校事件当時も生徒の溜まり場となり、八鹿の自治を守る場として活躍した。

食堂と鉢伏《はちぶせ》高原にある一部の生徒しか寄りつかない「銀嶺荘」は、同窓会の経営だったそうだ。残念ながら食堂は20年以上前に閉鎖され、木造の建物も確か焼失したと聞いた。「銀嶺荘」は健在で時々卒業生も利用しているそうだ。

余談だが、校門前には食料品店を兼ねた食堂が2軒有り、そのうちの1軒は、メニューに「チキンラーメン」「出前一丁」と書いてあった。大きなお腹に白い前掛けがいつも汚れていたおじさんが、生意気な高校生の「かき氷に蜜《みつ》を追加してぇな」という要望には、氷もおまけして応えて下さった。独身の男性教師は、ここで晩ご飯を契約して食べていたそうだ。

働くことが尊いことのように思えた場所だ。

谷が深いといえば、谷ごとに微妙な方言があり、「～じょ」「～だで」「～さかい」。「せんせい」のイントネーションも違い、あちこちの方言を真似て使い分けていた。銘々がちょっとしたカルチャーショックを受けていたのではないかと思う。

こうやって話が枝分かれし、何の話をしていたかが見失われることを「たちばなし」と言っていた。橘先生の話がそのようだったようで、「橘し」の漢字が当てられた。この年になってもそんなことがよくあり、「橘し」になったと笑って済ませている。今でも使える単語だ。

2. ホームルーム研修会

1学年は10クラスあり、週1回ホームルームが開かれ、そのためにホームルーム運営委員という係りが選出される。ホームルーム運営委員はホームルームを楽しく有意義に開催する義務を負うため、ホームルーム運営委員になるには、まず一泊の研修会に参加することになる。この「ホームルーム研修会」の参加は自由で、この研修会に参加し、ホームルームの何ぞやを知り、ホームルームを共に築いていこうという意志を持つ者こそがホームルーム運営委員に立候補する、という念の入った研修会だ。

右も左も分からぬ新入生は、「一泊」の響きと、「研修会」への憧れと、「10分間デート」という行事にワクワクしながら、まんまと捕まるのだ。

そんな会でありながら、この行事での不祥事はあり得ない。学校への信頼と生徒への信頼を失うことは、会の存続に関わるからだろう。服装も自由で、今思えば自律的な大学生活のようだった。何か楽しいことが起きそうだと夢が膨《ふく》らんだ。

ゲームの数々を会得し、夜は消灯まで話し込み、ただ「楽しかった」というだけで終え、名残惜しい気持ちで神鍋から日高駅まで歩いたのも楽しい思い出だ。今となれば、ただ楽しい経験を積むことがどれだけのモチベーションになるのかが、とても貴重だと解る。自分たちで企画し、責任を持ち、実行する。その経験が自立と自律を生み、自分の権利と義務に目覚める最も近い道筋なのだろう。その後の3年間は、まさにその経験の積み重ねだったと思う。

3. 新聞部

食堂の2階のぎしぎしきしむ階段を上がると、まず左手に放送部技術科、郵趣部（註：切手を収集する会）、文芸部があり、右手に新聞部、社研の部室が並ぶ。新聞部に入ったのは、他校に通ういとこが新聞部だったのと、カルチェラタンにほど遠くてもそんな雰囲気に憧れたのと、自治会主催の「部活紹介」でのインテリジェンスな感じに惹かれて、珈琲牛乳の友人と4人で入部した。

軽い気持ちで入部した八鹿高校新聞部は、職業科と普通科との差別問題を紙面で扱い、暴行を受けたが屈することなく発行を続けたという筋金入りの新聞発行をしており、卒業生には錚々《そうそう》たるメンバーがいたことを後で知った。部員は3年生がすでに退き、女子だけの穏やかな活動だった。顧問が部室に顔を出すことはなく、校正と印刷の報告だけしていたように思う。

1年生の夏休みには社研と合同の合宿があり、軽い登山やディスカッションをし、あと1年したらこんなに賢くなれるのかと希望と絶望を感じつつ、楽しく終えた。覚えていることは、夕食がカレーライスだったことくらいだが。

同じ年の夏休み前に、学校横の河原で拾った仔猫を部室で飼うことになった。筋金入りの部長の名前をいただき、友人やそのまた友人やら、知らない人も入れ替わりやってきては可愛がったが、夏休みにはさすがに生き残れないだろうと、うちへ引き取った。

2年生になり、但馬でも部落解放同盟の動きが活発になり、連休明けから八鹿高校でも部落問題研究会の顧問に解放研の設置を求めているという話が伝わった。部活動の中心となった私たちの初めての定期発行は終えていたが、この問題を伝えようと3年生にも相談し、「かわら版」として夏休み前に発行した。

この年の秋に八鹿高校事件が起きた時、「11・22その日」「桑の実」に続き、「八鹿高校新聞」が発行された。私は責任を果たせず今なお悔やんでいるが、部員たちは自分たちの手で、商業新聞が報じない真実を知ってもらおうと困難な中発行し、新聞部としての責任を果たしてくれた。

校正、ハラキリ、コラムなどの専門用語や、原稿依頼、印刷のノウハウも覚えたが、真実を伝えることと意見を持つことは両立するのかという悩みは、八鹿高校事件が答えてくれたと思う。

4. キャンプ

キャンプは1年生の伝統行事だ。元は、地学科キャンプとして星の観察や測量を本格的にしていたようだ。私たちの頃は、多分人数の少ない地学科の先生が手に負えなくなり、体育科に任されたのではないかと思っている。

2泊3日で、まず歌を覚えることに始まり、食事のテーブルとなる簀《す》の子作りのために竹取にいき、綿密に係が計画した上で、予約したバスに乗り込み、鉢伏の麓から急な坂道（山道ではない）を登り、到着後まずトイレの穴掘りという、今ではできない原始的なキャンプで、1日目の夜は恥ずかしいようなゲームを真剣に取り組んだ。水は近くの小川で汲み、沸騰《ふっとう》させてから使う。米は小川で洗う。もう夜はくたくたですぐ眠る。ホーム（クラスのこと）のみんなと自然に打ち解けるしかないはなぁ、という感じだった。

5．体育祭・文化祭

どちらも実行委員会が作られ、準備の時間や経費は厳密に守られる。

体育祭は、1年生から3年生の縦割りで争う。応援の看板作りが本格的で、教室一面に広げられた模造紙に美術を得意とする生徒がテーマに沿って看板を暗くなるまで作るのだが、終了時間を守らなければ「減点」の憂き目に遭うので、必死に片付けて実行委員の見回りまでに帰らなければならない。こっそり夜中の学校に忍び込んで懐中電灯を片手に絵を仕上げていた人がいることは、深い沈黙の中に伏せられたが。

応援合戦は看板作りどころではない盛況ぶりで、珈琲牛乳の友人は声が出なくなるほど練習し、目つきが変わるほど気合いが入り、本番では鬼気《きき》迫りかっこよかった。見世物としても充分面白く、学校近くの住人も見物に来ていた。

文化祭の実行委員は、演劇のメイクから、模擬店の場所決めまで多岐に及ぶので他の仕事は知らない。私はメイク係で白髪役のメイクに苦労し、天花粉を頭に振って笑いが止まらなかったことは覚えている。皺《しわ》が上手く作れず、油性ペンで書いたこともここでカミングアウトしなければ。どうやって落としたかは知らぬが仏だ。演劇の衣装は本格的な手作りで、大道具、小道具、演者、いろんな才能が発揮され、卒業後に影響を与えることもあったようだ。

3年生の時、友人7～8人と紙粘土の作り物で模擬店を出そうと実行委員に交渉し、同好会としての出店が認められた。制作が間に合わず、八鹿町内の友人宅に泊まり込み、徹夜で制作していると、向かいの本屋前に置いてある大人の本の自動販売機が作動する音が聞こえ、その都度みんなで覗《のぞ》きにいった。農家暮らしには刺激的な商店街の夜だった。

模擬店の売り上げは実行委員会への上納が原則だが、材料費を差し引き、少しの余剰金をジュース代に変えたことも、この際潔《きよ》く白状しておかねば。

ついでにもう1つ打ち明け話をすると、夏休み、夜が更けるのを待って、学校のプールに飛び込んだ。月明かりのプールはさぞかしロマンチックだろうと、はやる気持ちを抑え、声を潜めて泳ぎ始めたが、常夜灯に照らされたプールの水面には虫たちが一面に浮いており、ギャーッと悲鳴があちこちで湧《わ》き、あっさり引き上げることとなった。

一番永く虫と泳いだ私は、しばらく賞賛される栄誉を得た。またこれも「橘し」。

6. 八鹿高校事件

1974年11月22日。

八鹿高校の生徒が八木河原に集まったのは、自然なことだった。

入学以来味わってきた「自治」への確信。守るべき「自由」。暴力による「強制」への反発。今起きている「暴行」への抗議。

3年生が解放車の上でマイクに向かって話す。「僕たちは、解放教育がどうとか言ってるんじゃない。先生を助けたいんや。暴力をやめてほしいんや。それだけなんや」がみんなの思いに重なる。

しかし、警察署長が約束したにもかかわらず、署名を集めてのデモは実現しなかった。生徒の安全を守るための機動隊は、私たちを威圧した。「暴力は振るわない」と話した解放同盟の責任者は、暴行を止めていなかったことを翌日に知った。

私は学んだ。大人は平気で嘘をつく。それが多数になると本当だと思う人がいる。本当だと思いたい人たちがいる。戦争中もこんな感じだったんじゃないだろうか、と友人と話した。

それは、八鹿高校のどの行事でも、どの学校生活でも味わったことのない挫折感と憤りだった。

国の政治や家庭のあり方は、それぞれ価値観は違う。けれども、自分たちが尊重されるという経験はどこですることができるのだろう。民主主義とは、イデオロギーとしてではなく経験によって理解されるのではないだろうか。

もしそうなら、私は八鹿高校の3年間でその貴重な経験をさせてもらえたと思う。それが、私の誇りでもある。

（みき　みほ／当時、八鹿高校新聞部部長）

八鹿高校事件から半世紀

第三章　教師がつづる八鹿高校の教育

朝田・丸尾派の蛮行に抗議するためかけつけた人々に、涙で支援を訴え、感謝する八鹿高校生
（兵庫県高等学校教職員組合八鹿高校分会・写真集『八木川　広く深き流れに』１９７７年より）

十二　八鹿高校と私

前川　貫治

はじめに

２０１８年2月、久しぶりに八鹿の町を歩きました。商店街は見る影もなくさびれ、空き家が目立ちます。しかし、そのすぐ背後にそびえる山並みは昔と変わらず、八木川の水も澄んでいました。

新町橋から見ると、八鹿高校は、八木川と小佐《おさ》川、二つの川に挟まれて建っていることがよくわかります。八鹿高校校歌に「端山繁山《はやましげやま》むら立ちて」「水を集めて合ふところ」とあるのが、いい得て妙です。春には雪解けで少し濁った水の中、魚が白く光るのが見えたものでした。

ぼくは古希を過ぎ、あの日の生徒たちも還暦を超えました。フランスの詩人にならっていえば、新町橋の下を八木川が流れ、ぼくたちの生も流れたのです。

１．八鹿高校へ赴任

ぼくは１９４８年、兵庫県の赤穂市でまれ、西脇市で育ちました。勤評闘争が小学生時代、安保闘争と所得倍増計画が中学生時代、東京オリンピックが高校生時代でした。今も思い出すのは、小学生の時、「自分たちで考えなさい、みんなで話し合って決めなさい」とくり返し教えられたことでした。

西脇高校から神戸大学文学部に進み、東洋史を専攻しました。４年生の時、大学紛争が起こりました。文学部でも無期限ストが始まり、学舎はバリケード封鎖されました。卒業とその後の進路が見通せぬまま、ぼくは留年の道を選びました(この時、文学部長事務取扱として事態の収拾に奔走されたのが、故・杉之原寿一先生でした)。

ふたを開けてみると、「大学粉砕・文学部解体」を叫んでいた全共闘のメンバーは、特別措置によって卒業しており、留年したのは我々ノンポリの学生ばかりでした。これ以来、ぼくは声高に「運動」を叫ぶ人間を信用しなくなりました。

ぼくが新卒で八鹿高校に赴任せず、事件に出会っていなければ、組合には入っていなかったでしょう。そしてまるで別の教員生活を送ったに違いありません。

数年前の同窓会の席上、県立高校の教員になったかつての女生徒がいいました。

「私は、高校というのは、みんな八鹿高校のようなところだと思っていました。私のその夢は、着任したその日、音を立てて崩れ落ちました。」

以下は、あの頃の八鹿高校についてのスケッチです。

２．八鹿高校の教育

着任したぼくが最初に驚いたのは、入学式の壇上に「日の丸」がなく、「君が代」も唱わないことでした。運動場にあるのは掲揚柱であって、国旗掲揚柱ではないのだ、と教えられました。

何人かの職員はお互いをあだ名で呼び合っていました。職員室の隅に『少年マガジン』が積み上げてあり、昼休みには生徒がやってきて、職員と肩を並べて読んでいました。

生徒指導の大原則は「生かせる、育てる」。問題行動を繰り返す生徒に対しても、何とか立ち直るチャンスを与えようという方針が貫かれていました。

ぼくは当初、あまりの自由さと寛大さに戸惑いをおぼえました。その見方が一変したのは、「解同」の介入に対し、職員が断固として抵抗した時でした。真の団結と連帯は、一見ルーズに見える自由の中から生まれるものだったのです。

職員室での会話は、ぼくが経験した学校の中で、もっとも知的レベルの高いものでした。談論風発の輪の中心にいたのは、数学の橘先生でした。今も記憶している先生の言行録。

その1　「基本的なことと初歩的なことは違うんだ。」

その2　若い国語教員への質問。「海に出て木枯《こがらし》帰るところなし、という俳句はどういう意味だ。」はるか後年、これは特攻を詠んだものだという文章を見つけ、驚きました。

その3　倫理社会でパスカルを教えた時。『パンセ』の中に「神は存在するかどうかわからない。しかし、存在する、に賭けた方が大きな利益が得られる」ということを確率論を用いて証明した一節があります。ここが難解だったので、質問しました。先生はさっと目を通すと、にゃっと笑い、「あんたには分からんなあ。」

着任した年、卒業式の改革が行われました。開式を告げるのはフォークソング同好会の演奏。おきまりの校長式辞、来賓祝辞はなく、東井義夫氏（元八鹿小学校長）のミニ講演会が中心でした。送辞、答辞と続き、最後はフォークソングの大合唱で卒業生を送り出しました（ただし、この年限りの改革でした）。

これは、生徒自治会執行部の提案を生徒指導部が受け入れ、職員会議で認められたものです。一見突飛であっても、それが筋の通った提案であれば受け入れる、という懐《ふところ》の深さが当時の八鹿高校にはありました。

通学範囲が広いので下宿生が多く、そのことが旧制中学校のような雰囲気を生んでいました。ぼく自身も下宿していたので、生徒たちがよく訪ねてきました。

その頃ぼくは、ロックとフォークを聴く「フリークアウト」という同好会の顧問をしていました。そのメンバーなどが集まった時、人数分のケーキを買ってきて、じゃんけん大会をやることもありました。じゃんけんで勝った順に好きなケーキを取っていくというルールですが、その際、出資者であるぼくに優先権はないのでした。

南但馬屈指の進学校でしたが、受験体制ではありませんでした。英語・数学の能力別授業もなければ、模擬試験の成績優秀者の名前を職員室前に張り出すこともありませんでした。受験がすべてではなく、生徒の個性と自主性を伸ばすことに主眼が置かれていました。

普通の高校では「あいつはいい奴だが、成績がぱっとせんなあ」といいますが、八鹿高校では「あいつは成績はもう一つやけど、おもしろい奴やなあ」といいます。転勤後の学校で、成績はいいのに必要以上に劣等感を持つ生徒が少なくないことに驚きました。逆に八鹿高校では、成績はそれほどでなくても、自信を持つ生徒が多かったと思います。うちの奥さんも八鹿高校の卒業生ですが(といっても教え子ではありません、念のため)、今も根拠のない自信に満ちあふれています。

学級は「クラス」ではなく「ホーム」と呼ばれ、生徒会も「生徒自治会」と呼ばれていました。ホームルーム運営が重視され、学年団の話題でもこのことが中心でした。

毎年1学期、ホームルーム運営委員の宿泊研修会が行われました。コーラスやゲーム、討議の仕方など、上級生から様々のノウハウを学びます。それは我々若い教員にとって、担任としての力量を高める場にもなっていました。学校祭で演劇をやり、学年の最後に学級文集を作るのがいいホームだというのが、生徒と職員の共通認識でした。

ぼくは八鹿高校の7年間で5つのホームを担任し、その3つで演劇をやりました。うち2回は生徒の命令により出演しました。1回目は「夕鶴」で村の子ども役、2回目は「ハムレット」で、オフェーリアの父・ポローニアス、最後はハムレットに殺される役でした。

3. 普通科と職業科

普通科以外に、畜産科・農業科・生活科という職業科がありました。そこに学力面でも、生活面でも問題のある生徒がいたことは事実です。これについて、橘先生の言葉があります。「職業科があったから、我々は勉強のできない生徒、問題行動を繰り返す生徒に真剣に向き合うことができた。もし職業科がなければ、八鹿は普通の進学校になっていたのではないか。」

1976年、職業科は但馬農業高校として分離独立しましたが、2、3年生はそのまま八鹿に残りました。「八鹿高校生として卒業したい」という強い願いがあったと聞いています。

翌1977年、体育祭のチーム編成で問題が生じました。1の1、2の1、3の1というように、学年縦割りの3つのホームで1つのチームを編成するのですが、職業科は3年生しかいなかったからです。

学校祭実行委員会での2回にわたる討議の結果、生徒たちが可決したのは次の案でした。

○1・2年生各7ホームのうち、5ホームは単独で、2ホームは合同でチームを作る。

○3年生10ホームのうち、2ホームは単独で、他の8ホームは、それぞれ2つのホームで合同チームを作る。そのうち3つは普通科と職業科の合同チームとする。

○以上を組み合わせ、全体で6チーム(各4ホーム)を作る。

「学年縦割りの原則を守る」「ホームをバラバラに解体しない」」職業科だけのチーム作らない」というみごとな解決法でした(この部分、当時の生徒自治会執行部に聞きました)。

4．八鹿高校の授業

教科指導の中で特筆すべきは、1年生で学ぶ地学の実践でしょう。生徒たちには、最初に3つの課題が与えられます。

1．天気図が書けるようになる。

2．星座の名前を30以上覚える。

3．鉱物標本を30種類作り、2学期始めに提出する。

これは、努力すれば誰でも必ず達成できる目標だ、というのが教科担当者の意図でした。

鉢伏《はちぶせ》高原での野外学習も大きな特徴です。「地学科のキャンプ」と呼ばれる一大イベントで、テントで泊まる文字通りのキャンプでした。

最初にリーダーキャンプが行われます。各ホームから立候補したメンバーが参加し、2年生のリーダーから指導を受けます。気象観測の方法、キャンプのやり方、さらに歌を30曲覚える、などです。学校で独自に設定した地学の資格がいくつかあり、それを取得することがリーダーの条件でした。

本キャンプは5月、6月の週末ごと5、6回に分けて行われ、生徒はそのいずれか1回に必ず参加します。全員が交代で行う24時間の気象観測が中心でしたが、キャンプファイアもありました。

それらすべての運営が生徒のリーダーに任されているのはもちろん、会計、貸し切りバスの予約まで、生徒自身の手でやりました。何でも自分たちでやらねばならぬのだということに、生徒たちはカルチャーショックを受けたといいます（この地学の実践、当時の担当者は亡くなられましたので、八鹿高校ＯＢに聞きました）。

ぼくは世界史と倫理社会を教えました。定期考査では論述形式の問題を必ず出しました。事前に問題を発表しておき、当日書くという形式です。

倫理社会では、レポートを書いてもらいました。次のどちらかのテーマを選び、原稿用紙10枚以上書きます。30点満点で採点し、成績に繰り込みました。

Ａ、思想家・文学者などから１人を選び、その生涯と思想についてまとめ、自分の感想を書け。

Ｂ、各自テーマを設定し、プラトンにならって対話編を創作せよ。

生徒が書く以上、こちらもきちんと読み、必ず感想を書き添えました。最優秀作品には「レポート大賞」、枚数を一番たくさん書いたものには「最長不倒賞」、表紙デザインがすぐれたものには「デザイン賞」などの賞を与え、画用紙に手書きした賞状を贈りました。

ある年、89枚書いた生徒が、内容もデザインもすばらしく、３つの賞を独占したことがあります。八鹿高校での７年間、レポート３冠を達成したのは、彼１人でした。

以上のすべてを、過去形で語らねばならないのが残念です。しかし、このような時間を生徒たちと共有できたことは、ぼくの教師として、もっとも幸福な経験でした。

おわりに

今まで何回か、八鹿高校事件について書いてきました。本誌２０１６年１月号にも掲載していただいたことがあります（「八鹿高校事件と私―あの日とあの頃―」）。それらをお読みになった方からは、「また同じ話じゃないか」とのお叱りを受けるに違いありません。

事件当時は就職４年目、皆さんの後からついていくだけだったぼくが、八鹿の代表者のような顔をして原稿を書くことにも、常に後ろめたさを感じてきました。しかし今回が、ぼくが八鹿高校について書く最後の機会です。どうかご海容下さい。

（まえかわ　かんじ／高校教師定年後、フリー）

八鹿高校事件から半世紀

第三章　教師がつづる八鹿高校の教育

11月30日。朝田・丸尾派の報復をおそれず決然と抗議に立ちあがった兵高教組但馬支部の仲間。
（兵庫県高等学校教職員組合八鹿高校分会・写真集『八木川　広く深き流れに』1977年より）

十三　八鹿高校の民主教育の歩みと継承のとりくみ

今井　典夫

1．八鹿高校の教師集団の民主化の歩み

八鹿高校は、農蚕学校という性格から戦前は極めて保守的であった。民主的職場づくりが始まるのは、戦後、新制高校として普通科もおかれ、教職員組合が組織されてからである。教師たちは、自らの生活の権利をたたかいとる中で、自らを民主的に組織し始めたのである。

八鹿高校の教師たちは、自らの校務運営規程を「八鹿憲法」と呼び、職場の民主的運営の柱として守り発展させてきた。これは教職員組合運動に参加する中で育った意欲的な教師を中心に、討議を重ねて八鹿高校独特の校務運営規程としてつくり出されたものである。

そのおもな内容は、①「評議員会」である。校務にあたらないで、校務全般を審議する公選の7名（また

は5名）の評議員をつくり、従来校長の権限に属していた予算編成権・人事権・会計監査権などを評議員会に属させたのである。また評議員会は職員集団の核であるだけでなく、校内に入り込む教育支配に対する前衛的な役割をも主眼としていた。②教頭を始め教務主任・生徒指導主任など、すべての校務役員を公選とし、しかも3年以上の重任を禁止することによって、相互批判による指導体制刷新を保障した。③職員会議を最高議決機関とし、その権威を確立するとともに、すべての教職員をその構成メンバーとして、文字通り全校の団結の組織とした。④担任・クラブ顧問など校務分掌の決定は全職員の立候補（希望）に基づき、評議員会が原案をつくり、職員会議で決定するなど、すべての教師の教育要求を正しく組織する方向で決められた。⑤組合関係の役員人事を重視し、他の校務分掌に先立って選任するという原則を確立した。

こうした規定は、9回に及ぶ職員会議を経て成立したが、この規定をつくる課程で職場の民主化は大きく前進し、八鹿高校の民主的学校運営の基礎が築かれた。

八鹿高校の教師が「民主的革命」「八鹿ルネッサンス」と呼んだ校務運営規程創出の取り組みは、その後の八鹿高校の教育実践を支える大きな柱となった。

それだけに権力側の攻撃はきびしく、特に1957年度県教育委員会（県教委）の「学校管理規則」の強行制定後、その改悪を求める策動は強まり、1959年～1960年にかけて、校内での激しいたたかいに関わらず、教頭「公選」は「校長の意向を考慮に入れて教頭を推薦する」との改正と、付属書で校長の拒否権を決めることとの妥協を余儀なくされたが、実質は一貫してその民主的運営を守り続けた。

校務分掌の決定、予算編成・出張の可否も評議員会・職員会議で行われ、校長の介入による「勤務評定」の効力を阻止し続けた。校長自身も出張旅費を職員会議決定による旅費予算校長分の枠で執行し、組合の対県予算要求交渉も、職員集団による予算把握の上に立って、事務室の出すデータで他分会と比較し、具体的かつ明確に要求行動をくむことを可能にした。

校務運営の中核ともいうべき評議員会は常に全員一致制を守り、意見の合わない問題は職員会議に提起せず、徹底して教師集団の中での民主的討議を大切にした。八鹿高校事件においても、あれだけの脅迫・暴力がある中で、全教職員が最後まで団結して職員会議決定を守り抜いたのは、こうした同校の長年のたたかいの支えがあったからであろう。

八鹿の教師集団がもう1つ大切にしてきた取り組みに、教育研究活動がある。職場の民主化の闘いを一貫して支えてきたのは組合を母胎とする教研委員会・白書委員会で、これは自主的な職員のサークルであるが、それぞれ役員会・運動方針をもち、その方針や具体的実践案は、分会会議・職員会議に提案され、そこで決定されると、全教師集団の共通の運動として展開されるといった教師の自由で自発的な教育研究の保障とそれの大衆化への取り組みが大切にされてきたのである。

同和教育についても、1960年に分会として取り組みを始めている。梅谷報告では「生徒たちは学校に家庭の生活や父母の願いを持ち込んできている。問題生徒はそれを極度に緊張した矛盾として提出する。毎日の学校生活はその矛盾との取り組みであるはずなのだ。しかし、教師であるわれわれは生徒たちの生活の重みを忘れがちである。教科指導は進学・就職の近視眼的な扱い方とともに成績（点数）でその眼を曇らされ、ホームルームはきれいごとで生徒の生活に迫ろうとしない。これに気づいた分会教研委員会は、矛盾の吹きだまりとしての問題生徒の研究調査に分会をあげて取り組もうとし、矛盾の最も鋭い形で表れている『未解放部落』に着目した。同和教育委員会（1960年設置）は対象部落のある校区中学校に出かけてまず中学校と手をつなぐことを決定した。」としていた。

部落問題・同和教育への認識が1958年の勤務評定反対闘争、1959年の城内高校の闘いを経て、やっと一部の教師に先覚的に認識され始めた兵庫の高校現場の状況において、1960年に職場として同和教育を学校教育の基本課題として把握し、それを全校の運動として推進させようという八鹿高校の教師たちの教育問題の把握の先駆的な鋭さと組織性に注目しなければならない。

こうした組合の教研活動に支えられて、生活指導・教科指導の自主的研究サークルが活動し、全国高校生活指導研究協議会（高生研）、歴史教育者協議会（歴教協）、日本作文の会、但馬の小学校・中学校・高校の教師が組織する但馬教育サークルなどの会員が増え、これらのサークルメンバーの自覚的活動が柱となって、学校としてのホームルーム研修会が合宿で行われだし校内でのホームルーム研修会（年4回）や同和研修会（月1回）教科研修会（週1回）など、校務ベースで研究活動が追求された。こうした全職員による教育研究への自由な参加が、八鹿高校の教師集団の力量を鍛えてきたことを見逃してはならない。

八鹿高校の職場民主化の闘いは、教員組合運動への参加、とりわけ勤務評定実施などの反動文教政策に対する兵庫県高等学校教職員組合（兵高教組）の闘い、なかでも原則を守りながら、それを全組合員の団結で誠実に貫く活動を終始一貫すすめてきた但馬支部の闘いのなかで取り組まれたものであるが、職場の民主化は分会を母胎とする教研委員会・白書委員会・地区懇委員会など、教育を国民の手に奪還する活動へと進展していったのである。

2．八鹿高校の民主教育の継承を！
―但馬教育研究集会「特別分科会」のとりくみ―

八鹿高校事件が徐々に風化していくことが危惧され、兵高教組但馬支部が提起して、２０１１年度から但馬教育研究集会の問題別分科会の中に特別分科会が設置された。

その趣旨は、①私たちが八鹿高校事件から何を教訓として学び、継承していくかを考え、いかに実践に結び付けていくかを研究する。②八鹿高校事件を知らない世代の教職員が増えてきている現状を真摯に受けとめ、より多くの青年教職員に分科会への参加を呼びかけ、「八鹿高校事件の真相」「教職員集団のあり方」さらには低迷しつつある「高校生の自主活動」について議論を深めることにあった。

分科会は、当時の八鹿高校教職員・八鹿高校生・兵高教組但馬支部組合員が記録映画の上映をもとに、事件当時の様子を報告した。

報告されたレポートは「八鹿高校事件を風化させないために」（２００5年度）、「学園（八鹿高校）の民主主義破壊攻撃に抗して」（２００6年度）、「教師と学校現場の権限回復を―八鹿高校事件とその後の学校（２００8年度）」、「八鹿高校事件と当時の日高高校の先生たち」（２０１3年度）などがあげられる。分科会の参加者は例年10名前後で、20代、30代の青年教職員から50代の教職員まで幅の広い年齢層の教職員が参加した。

分科会の中での印象的な言葉を挙げる。

（1）「八鹿憲法」―校務運営規定を「八鹿憲法」と呼び、①評議員会による予算配分も含めた学校運営、②職員会議が最高の議決機関、③校務分掌の公選制など、職場の民主的運営の柱として築いた制度であった。現在の学校では考えられない制度で、参加者の驚きと興味をそそった。

（2）「学校運営は教師対生徒の人間としての営み」―報告者から当時の八鹿高校は「若い教職員が自由に実践できる状況」があり、「八鹿高校では自由にものが言えるという高校生」が存在し、「学校運営に生徒が参加している状況」があった。まさに「教育は教師対生徒の人間としての営み」であるとの発言があった。

（3）「自由であたりまえの生徒集団」―八木河原に集結し、「先生返せ、暴力反対」の叫びをあげた生徒。その源泉は「教師と生徒のつながり」と、生徒自治会・ホームルーム活動・クラブ活動・サークル活動で培われた「自治活動」のなかで育った「自由であたりまえの生徒の集団」である。

（4）「リーダー養成」―当時はリーダー養成を重視し、「リーダー講習会」「リーダーキャンプ」などできびしい要求をつきつけ、生徒の自主性・自発性を引き出していた。現在の学校ではゆとりをなくし、管理的で窮屈な状況になっており、ＬＨＲ（ロングホームルーム）ですら教師からの伝達時間となり、生徒が自主的に活動する時間が保障されていない。さらに生徒自身も無気力・無関心になっている。ここでもう一度リーダー養成の重要性を再認識し、今の高校生のレベルに合わせた自主活動の道筋を指導していくことが重要である。

２００６年度特別分科会では『学園（八鹿高校）の民主主義破壊攻撃に抗して』（１９８１年度報告）のレポートが報告された。その概要を紹介すると、「４月に行われた前校長の離任式で、挨拶の中で校長を批判した生徒代表に対して、現校長は『秩序を紊乱《びんらん》』として、２カ月以上も経過してから、職員会議で圧倒的多数の反対で否決されたにもかかわらず、『無期家庭謹慎』を強行した。この処分は、その決定の過程も含めて、教育を権力によって支配・統制しようとするものであり、断じて許すことはできない。同時にそれは永年にわたって築かれた八鹿高校の民主教育に対する攻撃であり、『第二の八鹿高校事件』ともいうべきものである。…問題のありかは明らかである。すなわち、一個の人格たる生徒が批判的精神をもち、物事を批判するのは当然であり、それは教育の重要な契機である。たとえ批判した場が、大人の判断からして適切さを欠いたとしても、あくまで教育的に指導されるべきである。これに対して、『秩序紊乱』であると一方的に断じ、本人の反省が終わった時点でも、なお執拗に『無期家庭謹慎』という厳罰にした今回の処分は教育を損なうものである。同時にそれは、生徒自身が敏感に感じ取っているように、学校に対するいっさいの批判を封殺することにつながるのであり、校内民主主義の重要な一構成要素である生徒自治会の『弾圧』につながるのである。さらに教職員集団の意思統一が何よりも要求される生徒指導の問題について、その背景などについての議論の保障のないまま職員会議の決定をくつがえして、処分を強行したのである。ここに至ってわれわれは校長の『ファシスト』としての顔を見る。同時に八鹿高校に築かれてきた民主主義の圧殺の企てを見る。」

分科会に参加した教職員は、次のような感想を述べている。「自分が生まれる数年前にこのような前時代的な暴力事件があったことに驚いた。また背景に行政や警察までかかわっていることが納得できない。八鹿高校事件については個人的に調べた程度で理解もほとんどなかったので、本当に勉強になった。また、八鹿高校の生徒たちの勇気ある行動、純粋な気持ちに心を打たれた。今回学んだことを多くの人に伝えたいと思う。」「八鹿高校事件概要報告では実際の体験者である先生の話は生々しく、二度と繰り返されてはいけない事件であることを認識させられた。今後八鹿高校事件を体験した教職員が少なくなっていく中で、事件を風化させないためにも後世に語り継ぐことの重要性を感じた。ビデオ上映では多くの方々が涙ぐみながら真剣に見入っている姿は印象的であった。」

おわりに

当時の八鹿高校の卒業生たちは異口同音に語る。「八鹿高校を卒業して、大学や職場に行って他の高校を卒業した多くの仲間と語ってはじめて、自分たちの高校3年間の生活がどれほど充実していたのか知る」と。八鹿高校の民主的高校教育の長年の伝統が、在校中には当然のことと受け取られていたことが、いかに反動文教政策の中での苦闘によって支えられているかを、彼らは知るのである。

八鹿高校の教師は事件当日の生徒たちの正しい、毅然たる行動に接しても、「私たちは教師としてただ当たり前のこと、平凡なことをやってきただけです」と語っている。厳しい但馬の風土の中で、地道だが、粘り強く民主教育をつみ重ねてきた教師たちの謙虚で誠実な姿を象徴的に示す言葉ではないだろうか。

（いまい　のりお／兵庫県高等学校教職員組合但馬支部）

八鹿高校事件から半世紀

第三章　教師がつづる八鹿高校の教育

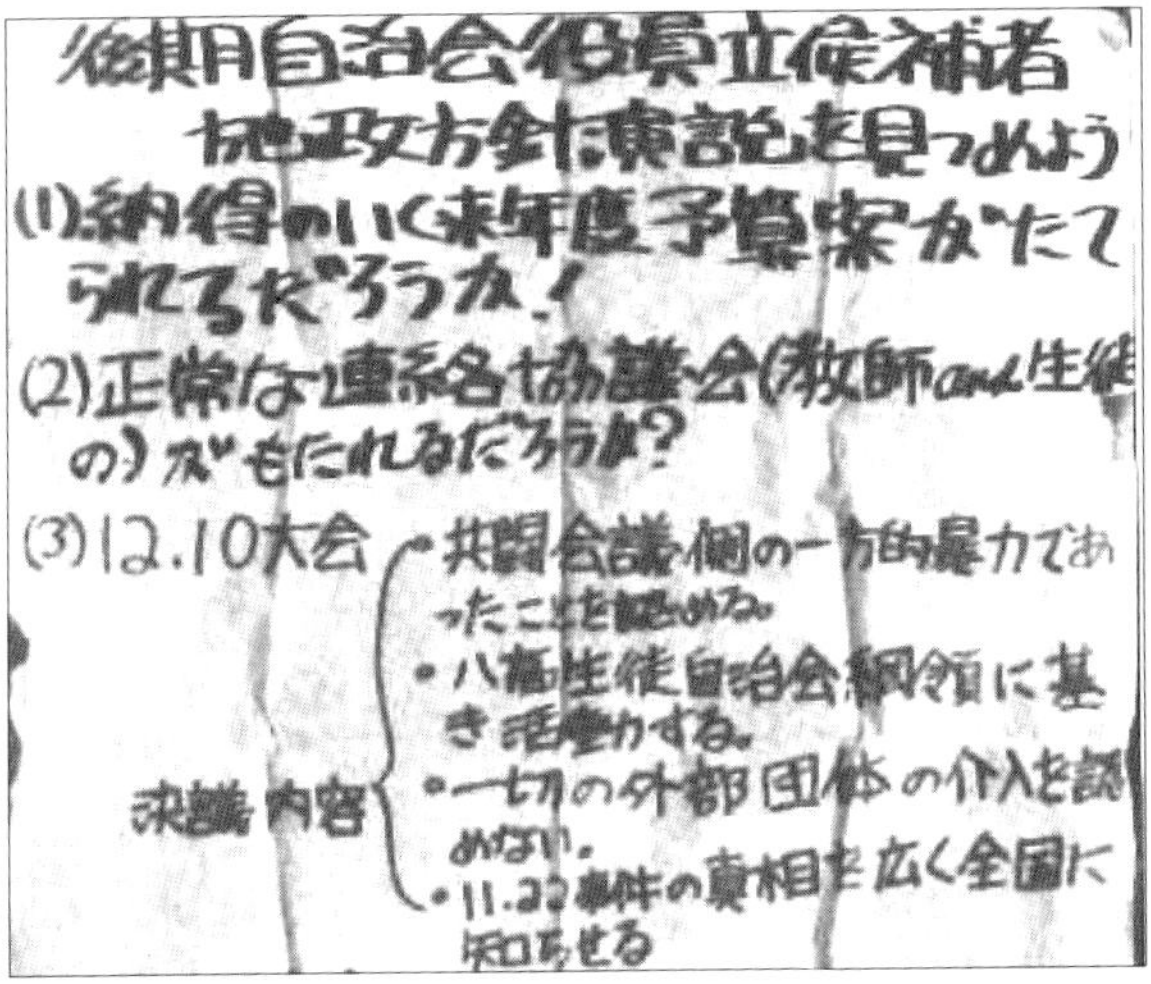

生徒会自治会役員選挙の演説会の掲示。
（兵庫県高等学校教職員組合八鹿高校分会・写真集『八木川　広く深き流れに』１９７７年より）

十四　八鹿高校の教育実践に学ぶ
―生徒自治会活動を中心に―

若林　正昭

はじめに

「日本教育史上かつてない暴挙」である「解同」（朝田派）・県教育委員会・地方行政・警察権力が一体となった八鹿高校の教師集団と民主的教育活動へのファッショ的な介入・破壊に対して、傷つきながらも断固として教師の良心を貫いた八鹿高校の教職員を支えたのは、八鹿高校生たち、生徒自治会でした。

八鹿高校生徒自治会（他のほとんどの高校では、すでに20年も前から「生徒会」と改称された今日、依然として「生徒自治会」を名実とも守りぬいていることにも、八鹿高校教育の一端がうかがわれます）の「綱領」は、次のようにかかれています。

・学問の自由と平和を我々の自治活動の中で確立しよう。

・相互理解を怖れず、かたい友情と協同の精神で結び合おう。
・学園のすべての生活と活動を自治会全体の問題として発展させよう。
・クラブ活動、生徒自治会活動に積極的に参加し、これを強化していこう。
・学習と自治会活動で八鹿高校生の誇りを高めていこう。

こうした生徒たちの自主的、集団的活動を生み出した八鹿高校の教育と教師たちの歩みを、簡潔に報告します。

※本稿は、事件直後に兵庫高等学校教職員組合〈兵高教組〉から派遣されて、八鹿高校の教育を見聞したレポートの一部を再構成したものです。

1．八鹿高校の職場の民主化

八鹿高校の職場民主化の闘いは、とりわけ教育二法（「義務教育における教育の政治的中立の確保に関する臨時措置法」と「教育公務員特例法一部改正法」）改悪・勤務評定の実施という反動的文教政策に対する兵高教組の闘い、なかでも、常に原則を守りながら、それを全組合員の団結で誠実に貫く活動を終始一貫すすめてきた兵高教組但馬支部の熾烈《しれつ》な闘いの中でとりくまれたものです。職場の民主化は、分会を母胎とする教研委員会、白書委員会、地区懇委員会〈地域の中学校教師と語る会〉など、教育を国民の手に奪還する活動へと目をひらいていきます。

八鹿高校の教師が「校務運営規程の民主的改革は、教師の教育権を自らのものとするとともに、生徒の自治活動を保障する機構をつくることも狙いであった」と語るように、八鹿高校の教師のとりくみは、特に勤務評定反対闘争の１９６０年から、生活指導での従来の懲戒的補導方式にかえて、徹底指導の原則をうち出すとともに、生徒自治会・ホームルームについては、生徒の自治活動を保障し、一切の差別を排し、平和と民主主義を守る生徒の集団づくりを基本方針においていくことになります。

2．サークル

八鹿高校の生徒の集団活動の中で、注目されるのは、生徒のサークル活動であり、教師がそれをＨＲ〈ホームルーム）と生徒自治会を支える豊かな活動として、熱意をもって指導に当たっていることです。ＨＲがともすれば形式化し、またクラスだけに討議や実践が分散、閉鎖されがちなのを克服するのは、生徒の意欲・自主性に支えられたＨＲを超えたサークル活動の生き生きとした発展でした。

最初「若あゆ」「からす」というサークルが、貧しい家庭の生徒、父のいない生徒など、問題を多くもった生徒を中心にして、仲間づくり、話し合い、助け合い運動を起こし、自分たちの生活と高校生活のつながりを求めていきます。

このサークルの生徒たちは、生徒自治会執行部に立候補し当選してから、「足のついた足のある生徒自治会」を目標に、生徒自治会で「ＨＲリーダー講習会」を行いますが、この参加者によって「若草」というサークルが組織され、月１回（１泊２日）の話し合いをもち、「高校生活を楽しく、豊かにするためには」「われわれは何のために学ぶのか」「ＨＲを活発にするためには」といったテーマにもとづいて討議を深めていきます。

コーラス、ゲームなどの活動も含めて、このサークルは２００名を超える規模となり、ＨＲ、クラブの中心となって活動しました。ショートホームルーム（ＳＨＲ）でなかなかコーラスのやれないクラスには、サークル員が応援にいって指導し、不活発なクラブにはサークル員が入部して盛り上げます。役員が悩んでいるＨＲに入り、話し合いを助けます。教師の「徹底指導」への取り組みの中で、「非行」生を援助し、落第生の補習をやったのも、このサークルでした。

１９６０年度以降も「みつばち」「つくし」などのサークルが学級のエネルギー源となりながら、教師たちに、彼らの、そして彼らの背負っている父母たちの生活要求もつきつけてきます。そのなかで、教師は形式的になりやすい生活指導の中味の吟味《ぎんみ》を迫られていきます。八鹿高校の教師は「ＨＲ、生徒自治会の指導とともに、生徒の人間としての能力をつくり上げることを考えるならば、こうした生徒のサークル活動に熱意をもって指導せねばならない」と語っています。

3. 生徒のリーダー養成

八鹿高校の生徒指導で、今ひとつ大切にされてきているのは、生徒集団を養成するために大切な積極的な生徒（リーダー）の教育を重視し、こうしたリーダーの教育に対しては、極めて厳しい要求をつきつけてきていることです。八鹿高校では「リーダー講習会」「キャンプ講習会」で、現在までリーダー養成を計画的に行ってきています。

例えば、討議の司会をする生徒たちには、8時間の準備討議をさせ、討議の方向をつかまない限り、8時間（リーダー講習会の討議時間）の討議の司会をさせません。八鹿の生徒リーダーは、たえず時計を見て、進行に留意しています。

例えば、コーラスのリーダーは「愛唱歌集」（1957年第1集発行以来、現在まで発行しつづけています）の全曲について、そのコーラスを行うに必要な内容を暗記しています。こうした力量と自覚に立ってプランをつくります。

キャンプのリーダー養成でも、1回〜15回の経験者でやっと1人前として全体の進行が許されます。1回目はついて行くだけ、2回目に覚えます。3回目にやっと1つの仕事のリーダーをします。また教師は、講習会の時に非常に困難なプランをくませ、それをみんなで協力して克服させるようにします。討議の時間でも、甘やかしたプランでは、リクリエーションになってしまい、生徒は個人的開放感にとどまり、集団の中でのきびしい規律による本当の楽しさ（開放感）をつかめません。これを何回もやるなかでつかませていくのです。

リーダーとなる生徒は、役員とか成績優秀者だけとは考えていません。コーラスの好きな子、声の大きい子、ダンスの上手な子、話し方のうまい子、ゲームのたくみな子、ボーイスカウトでホイッスル・手旗を覚えている子、人工呼吸を知っている子、家の手伝いで仕事の段取りの早い子……。こうしたそれぞれの生徒の「特技」を見極めて、生徒の集団行動・集団づくりに活用していきます。

「教師だけで何でもやろうとするのは、高校生の生活指導のイロハを知らないといえる」と教師は語ります。リーダーとなる生徒は、そのクラスにいなくても、他のクラスに、上級生に、同僚の教師の中にリーダーはいます。これを「ゲスト」としてHRの活動に役立てていきます。

この生徒の自主性・自発性を引き出し、個人の能力をHR、自治会集団の発展に役立てる中で伸ばし、生徒の自治活動を支える指導力のある生徒を数多くつくり出します。しかも、これを一回でなく、何回もつづけて実践（とくに野外のきびしい集団）の中で、生徒の資質として育てていきます。この八鹿高校の方法は、今日に至るまで守りつづけられています。

4．ホームルームづくりの全校的実践へ

「この学校にいるつもりなら、ホームルーム・班づくりを唱えていないと放りだされる」と、当時のある教師の言葉に示されているように、HR（ホームルーム）の集団的指導への努力は、やがて全教師集団のものとなっていきます。1962年から全校職員による1泊2日の合宿ホームルーム研修会が始められ、集団主義の立場に立つHRづくりの学習会が現在まで、一貫してつづけられています。

最初のHR研修会での確認事項を紹介します。

①ホームルームだけでなく、あらゆる教育活動は生徒こそが学園の主人公であることとの観点から考えていかねばならない。

②ホームルームづくり・生徒会づくりとは、生徒が集団としての統一の目標とそれに到達するための共通の意識と規律、矛盾に対決するきびしさを集団としてもたせることである。

③このことは生徒個人についていえば、将来、学級を越え、生徒自治会を越え、いかなるときでも矛盾や不合理を敏感に感じ、集団の中でそれを考え、集団としてことを決する実力を身につけさせることに他ならない。

職員研修会と時を同じくして、生徒自治会主催のホームルーム研修会が、〝リーダー講習会〟の経験を踏まえて始められ、今日に至っています。

1963年度の第1学年担任団は、学年指導体制をつくろうということで、どの学級も6班編成の小集団の実践を行い、各班の係を学年で各委員会に組織しました。例えば学年コーラス委員会だけでも、各学級から6名ずつ12学級合計72名を結集し、担任団のコーラス委員会担当教師が指導するという形でとりくまれました。

八鹿高校の生徒たちが、毎日のSHR（ショートホームルーム）、週1回のLHR（ロングホームルーム）も、他の学級行事や学年行事も、自主的にとりくむ体制をつくっていったのです。

5．エピソード

ＨＲ、生徒自治会の成長のためにとりくみ始めた八鹿高校の教師が、ホームルーム・テキストとして『高校生活』（本文２７０頁）を編集しました。それは教師集団の善意であって、生徒のための、教師集団からのプレゼントでした。本が完成し、各クラスに配られた時、緊急生徒集会がひらかれました。

「先生は道徳教育の教科書の押しつけに反対していながら、われわれにテキストを押しつけてきた。」生徒大会はテキスト押しつけ反対を決議し、各クラスから生徒たちは続々とテキストを返しにきました。

善意を理解してくれない生徒たちに教師の批判が高まりました。生徒自治会もそれに対して対策委員会を組織して、教師に対抗しました。

「ホームルームはぼくらのものです。」「われわれの生活要求を中心に、われわれの手で運営されるものがホームルームです。」

このエピソードは、ホームルーム読本事件として語り継がれています。教師集団の努力によって成長してきた生徒たちが、自分たちの集団をどうするかを考えるまでに至ったこと、また「われわれの手で運営されるのがホームルームです」と、教師に言い返すだけの力量、多くの経験と能力を持つに至ったことを示すものとして、極めて教訓的であると考えます。

（わかばやし　まさあき／高校教員定年後、フリー）

※連載の編集担当（東上高志）から

連載はいかがでしょうか。

18回の予定を21回にしました。第二章「生徒がつづる八鹿高校と高校生活」は6回、第三章の「教師がつづる八鹿高校の教育」は4回、第四章「日本教育の青春と同和教育」は6回（２０２３年6月号まで）です。生徒諸君の論稿はどれも素晴らしく、私自身もいろいろと学びました。

本稿は、事件直後に兵高教組から派遣された調査団の一員としての若林さんのレポートです。事件当時の、それも外からみた八鹿高校の実践をぜひとも入れたかったので、若林さんの了解を得て、他の先生方の原稿と重ならないように、私の手でととのえました。もちろん、すべて原文のままです。

これは50年後に書かれたものではなく、八鹿高校事件の直後に書かれたものとして、大きな意味があります。

八鹿高校事件から半世紀

第三章　教師がつづる八鹿高校の教育

1976年6月24日、八鹿・朝来事件第4回刑事事件における公正裁判要請のデモ（兵庫県高等学校教職員組合八鹿高校分会・写真集『八木川　広く深き流れに』1977年より）

十五　事件の9年後に八鹿高校に赴任して

田中　久典

1．「あの」八鹿高校に

私が八鹿高校に赴任したのは、１９８３年の4月、八鹿高校事件の9年後のことです。１９７４年の八鹿高校事件のとき、私は広島大学の３年生でした。実家（現・兵庫県丹波篠山市）に帰省した際に、小学校の教員をしていた父から「但馬では同和問題で大変なことが起こっている」という話をちらっと聞いた記憶がありますが、特に気に留めることもなく、大学を出て私が就職したのは東京のある教科書出版社です。中学校の理科、高校の生物の教科書の編集に携わりました。29歳のとき、自分で編集した教科書で自ら生徒に教えてみたくなって、郷里の兵庫県の教員採用試験を受験して採用され、高校の理科の教員に転職しました。

赴任先は八鹿高校。恥ずかしながら「ようか」という読み方もわかりませんでした。これまで教科書づくりでお世話になった大学や高校の先生方に退職の挨拶をしました。「4月から兵庫県の高校の教員になります」「そう、頑張ってください。で、赴任先は決まったの?」「はい、兵庫県立八鹿高校です」と言った途端、相手の表情が一様にこわばります。「えっ、あの八鹿高校!」「…あ、はい。」相手は皆、「あの」をつけるのです。何の知識もない私には八鹿高校に「あの」がつく理由がわかりませんでした。

2. 八鹿高校生の自治意識

赴任1年目に1学年の担任となった私は、隣の先輩教員の真似をしながらのホームルーム経営です。まずは、クラスごとに生徒たちに自己紹介文集を作らせようとしました。生徒どうしがお互いに理解し合うことが大切、そのためにはまず自身のことをみんなにわかってもらおうというわけです。文集づくりを提案するのは担任ですが、実際に作成するのは生徒たちです。生徒は教職員用の印刷室を使うことはできません。生徒が印刷をするのは生徒自治会室で、ここに印刷機も紙も用意されていて、いつでも使えるようになっています。1年生の生徒に指示するために、私がまずその印刷場所や印刷機の使い方を知っておく必要がありますが、赴任したばかりで校内のどこに何があるのやらさっぱりわかりません。たまたま通りかかった3年生の女子生徒に尋ねました。「生徒会室はどこ?」。すると、その生徒はきっぱりと言いました。「先生、生徒会室ではありません。生徒〝自治〟会室です」と。私が強烈な洗礼を受けたひとことでした。

八鹿高校生の多くは、ほんとうに人懐っこくて素直です。生活指導上のいわゆる問題行動もほとんどありません。個性的な生徒の集まりですが、協調的で集団としての能力も優れています。毎週1時間のホームルームは生徒が企画し、ホームルーム運営委員を中心に生徒が運営します。といっても、放任ではありません。次のホームルームの時間に何を目標にどのように展開するか、担任とリーダーたちの綿密な事前準備が行われます。クラスメイトがもっと打ち解け合うことが必要と判断すればそのためのゲームを企画したり、クラス内に何か問題があるという場合にはその解消に向けて討議の場を設けたり、進路学習や人権学習も、担任による一方的な指導にならないように、生徒が主体的に調べたり討議したりできるように工夫して実践していました。

このようなホームルームの運営の土台となっていたのは、毎年春に行われる前期ホームルーム研修会です。各クラスの代表6名が1泊でホームルームの運営の仕方を学びます。教員から学ぶのではありません。3年生が主体となって後輩たちを指導していくのです。クラスがまとまるための歌やゲームの指導、学校祭のあり方とその運営方法、クラスのまとまりをどう作るかなど、クラスのリーダーとしての知識やノウハウを上級生が具体的に教えていきます。後輩たちは、強烈な憧れを感じながら先輩に学び、いずれ自分がそうならなければならないと自覚していくのです。

3．八鹿高校に惚れ込む

八鹿高校の学校行事は実によく練られ、工夫されています。1学期に前期ホームルーム研修会を行い、リーダーを養成し、クラスのまとまりをつくり、秋の学校祭にその成果を形にします。学校祭は文化祭と体育祭からなり、文化祭は演劇・映画・デコの3部門からなります。演劇は90分制限の本格的な演劇です。後に60分制限に縮小されましたが、生徒たちはハイレベルな演劇を目指して取り組みます。映画はすぐにビデオに変わりますが、当初はフィルム映画でした。時代を風刺《ふうし》した素晴らしい作品を数多く生み出しました。デコはデコレーションの略ですが、飾りではありません。フィールドワークを主とした調査の報告展示です。たこ焼きやヨーヨー釣りなどの出店が並ぶ、よくある高校の文化祭とはまるでレベルが違います。

当時を知る卒業生から聞きましたが、4日間も続く学校祭は八鹿高校事件以前から続いてきたようです。演劇を希望するクラスは多く、抽選に外れるとがっかりしてしまいます。そんなクラスや一部の文化部は教室で喫茶コーナーを開店したりしていました。一方、八鹿高校事件で生徒自治会は一躍有名になりました。事件後、あちこちから生徒自治会に学ぼうとする高校生たちの訪問を受けましたが、八鹿高校の文化祭を見学した他校生からの評価はあまり高くはありませんでした。「なんだ、八鹿高校の文化祭もこの程度か。ふつうじゃないか」という評価を受けたのです。

これに発奮したのが、事件後の生徒自治会執行部です。出店の類は認めず、「もっとハイレベルな文化祭をつくり上げよう」と奮闘します。文化部の生徒たちは文化部の発表もあって大忙しですが、クラスの演劇、ビデオ、デコがありますから、観客に徹する生徒は一人もいません。みんなが主役でみんなが観客なのです。「出店が並ぶような文化祭は大学に行ってからやればいい。八鹿高校には八鹿高校でしか味わえない文化祭がある。」前期ホームルーム研修会で3年生から聞いた言葉です。

体育祭でも、応援団演技、パネル絵の制作など、競技以外にも生徒たちが生きいきと活躍する場面が多数用意されています。学校祭は、さまざまな能力をもった個性豊かな生徒たちがそれぞれの能力を発揮できる、みんなが輝くステージなのです。

学校祭が終わると、1・2年生を対象に後期ホームルーム研修会が行われます。今度は、年度末の合唱コンクールに向けての取り組みが中心です。全国大会にも出場するレベルの八鹿高校音楽部の生徒たちが各クラスのリーダーに課題曲を指導し、生徒自治会の執行部が合唱コンクールへの取り組み方、クラスのまとめ方を指南します。この合唱コンクールは八鹿高校事件の後に始まった行事です。ネット動画で観ていただくこともできますが、クラス合唱としてはかなりハイレベルです。しかも、ホームルーム研修会の後は、教員の指導はほとんど入りません。各クラスが生徒自身の手で課題曲と自由曲の練習を積み重ねます。教職員が年度末の成績処理などに追われているとき、各教室から美しいハーモニーが聞こえてくるのです。生徒たちは学校祭でクラス一丸となって味わった喜び、達成感を知っているからこそ、合唱練習にも力が入ります。最優秀賞を受賞したクラスはもちろんのこと、そうでないクラスも、みんなで取り組むことの素晴らしさと感動を共有し、その翌日に3学期の終業式となります。

高校は学びの場であり、授業はもちろん重要です。しかし、高校生が学ぶことは教科書からだけではありません。クラスメイトとの協同で得る、絆《きずな》や達成感なども重要な学びであり、社会に出てから役に立つ力となります。八鹿高校の行事一つひとつが実によく練り上げられていて、段階的にタイムリーに配置されているのです。

八鹿高校に赴任して2年目、私の3人目の娘が誕生しました。長女3歳、次女2歳です。「3人の娘をぜひこの高校で学ばせてやりたい」…そう思うようになっていました。それは、八鹿高校生の人懐っこい明るさが大好きで、尊敬できる実践を積み重ねている先輩の教師集団が大好きで、生徒と教員がみんなでつくり出した八鹿高校の、人を育て上げる大きな流れのようなものに惚《ほ》れ込んだからです。

4. 高校文化の継承

高校生は3年間、管理職は2、3年、教職員も何年かすれば異動します。10年も経てば、高校の構成メンバーはほとんどが入れ替わります。ところが、面白いことにそれぞれの高校にそれぞれ文化があって、それは確実に受け継がれていくのです。

私は11年間勤務した後、40歳のときまったく希望しない人事異動で他校に転勤を命じられ、48歳のときに今度は希望通りの人事異動で再び八鹿高校に戻ることができました。8年ぶりに戻ってきて驚きました。教職員の多くが入れ替わっているにも関わらず、多くの生徒主体の行事がまだまだ生き残っていたのです。

ホームルーム研修会もあります。ずいぶん前に泊まりではなくなり、内容もかなり変化してはいますが、それでも続いています。学校祭の演劇、ビデオ、展示にも生徒たちは一生懸命取り組んでいます。文化祭に多くの保護者が来場してくださるのも以前と同じ、いえ、それ以上かもしれません。ビデオの優秀作品は地元のケーブルTVでも流れます。体育祭の応援団はとっくの昔になくなりましたが、応援席の背後のパネル絵の制作はまだ健在です。体育祭の閉会式で、文化祭の受賞クラスが発表されると、受賞クラスを含むチーム全員が旗手を先頭にグランドを走りまわる光景も昔のままです。喜びをみんなで共有する姿は見るものの心を熱くします。体育祭を見に来られる保護者の数は年々増加し、保護者用テントが不足するほどになっています。私が最初に赴任して2年目に始めた文化部合同発表会は、単に続いているだけでなく、たくさんの文化部を巻き込んで大きく発展していました。生徒の力だけでつくりあげる合唱コンクールもずっと続いていて、感動と達成感を味わう生徒たちの姿も以前と変わりません。客席では多くの保護者が自身の高校時代の感動を重ね合わせながら美しいハーモニーに浸っています。メンバーは入れ替わっても、高校文化はこうして先輩から後輩へと受け継がれていくのです。

私は2度目の八鹿高校勤務で定年退職を迎え、その後、再任用を経て、2021年度まで八鹿高校で非常勤講師をしていました。合計で31年間、八鹿高校の生徒たちの活動を見てきました。時代とともに少しずつ形を変えながら連綿と続く高校文化を、これからも楽しみに見守っていきたいと思います。

（たなか　ひさのり／兵庫県立高校非常勤講師）

八鹿高校事件から半世紀

第四章　日本教育の青春と同和教育

1975年11月23日、八鹿高校事件1周年記念但馬大集会。八鹿町民会館大ホールは1450名の人々で超満員になった。記念講演の講師は、東上高志氏。演題は「地底から春が」だった。
（兵庫県高等学校教職員組合八鹿高校分会・写真集『八木川　広く深き流れに』1977年より）

十六　部落差別と教育

東上　高志

1．新制中学校の発足

1947年に発足した新制中学校は、日本教育の機会と平等の発展に大きく寄与するはずだった。しかし、すぐさま日本社会の現実と旧慣にぶちあたる。それを真っ先に露呈させたのが部落問題だった。京都市でのことだ。部落の子どもが進学する中学校を忌避《きひ》して、大量の越境入学を生み出した。これが部落差別だとして、市政をゆさぶる大問題となった。

市内で最大の部落（崇仁《すうじん》地区）の子どもたちは、部落の子どもだけの小学校（崇仁小学校）に通学していたが、新制中学校発足で皆山《かいざん》中学校に進学することになる。同じく皆山中学校に進学する他の2つの小学校の父母は、中学校で部落の子と一緒になるのを避けるために、それぞれ3割、4割の子どもたちが、住所だけを他学区に移して越境通学し、部落に関係ない中学校に進学するという事態が続いた。

京都市行政は、1948年に全国に先駆けて京都市同和問題協議会を組織して対応した。これを契機に、部落問題研究所も創立された（1948年10月）。

西宮市のそれは、もっと露骨だった。市の中心部にある芦原部落は、1つの小学校（芦原小学校）を構成する大部落であるが、市教育委員会（市教委）は校区どおり市立大社中学校に進学させていた。ところが1954年度から周辺の5つの中学校に分散して入学させる、という対策をとった。「粗暴」で低学力の子どもたちが1校に集中する「弊害《へいがい》」を「うすめるため」と市教委は説明した。

次に「新制中学の発足」の問題を、今度は都市ではなく、農村の部落の側から見てみよう。

もともと日本の農村では、旧制中学校や女学校は「ええしゅ」の子どもしか進学しない特別な学校であった。だから新制中学校の発足は、部落のなかにとまどいを生み出した。問題の中心は、働き手を失うことだ。いくら義務教育だと強調されても、背に腹は代えられない。実際に進学させ得る状態にないからだ。進学しない不就学が広がった。進学した子も、長期欠席になる。こうして、戦後初期同和教育の一番の課題である「長欠・不就学問題」が浮上する。

新制中学校発足10年後の高知県の全県調査（1958年）がある。福祉教員（長欠・不就学対策教員）の制度を設け、撲滅《ぼくめつ》に力を入れていた高知県であるが、中学生の長欠・不就学は、部落外1・38％に対して部落33・9％、卒業後の「進路」では、高校進学は部落外46・8％に対して部落10・6％。就職は、部落外31・2％に対して部落13・5％である。それ以外は家事従事とされているが、部落外22・0％に対して部落76・2％である。部落外は、農業と漁業の文字どおり家業となるが、全国の農家の3分の1という耕作反別の部落では、「土方に就職する」しかない。

差別された部落の中学生たちは、どんな行動に走ったのか。1960年代にかけて起こった〈中学生の集団反抗〉だ。大部落を校区にもつ西日本の中学校で激発した。一例として神戸市立玉津中学校をとりあげる。

1958年3月、『アサヒグラフ』は「本物の〝暴力教室〟」と題して、グラフ誌の全面を使って報じ、国民にショックを与えた。初報は地元紙「神戸新聞」の、「暴力教室まかり通る。窓ガラス壊《こわ》し放題、吹きさらしで授業。天井板でタキ火」（2月11日号の見出し）だった。全国紙とちがったのは、「神戸新聞」が2回にわたって部落問題に起因すると社説で主張したことだ。

玉津中学校下の2つの小学校は、部落外の玉津第一小学校と全員が部落出身者の第二小学校に分かれる。問題が大きくなったのは4月8日の玉津中学校の入学式に、玉津第一小の卒業生131人のうち、4人しか出席せず、80人は越境入学、残り47人は玉津第一小学校の空き教室で父母が寺子屋授業を開始したことだった。関係者の努力で寺子屋学級は解散され、4月23日に2度目の入学式が行われた。私もその席にいたが、感慨《かんがい》ひとしおだった。市民の部落に対する偏見だけではない。それに輪をかけたような、神戸市行政のそれだ。「毎日新聞」は次のように報じた。

「第一小には鉄筋の講堂まであるというのに、第二小には講堂や特別教室はおろか、最近まで普通教室が二教室も不足、雨もりの危険校舎すら含まれていた。決まった教室のないクラスは、近くの公民館などを転々としていた。」

戦争末期の大空襲で焼失し、戦後再建されたというハンディはあるが、同じ焼失した神戸市内の小学校が見事に再建されているのをみれば、戦災だけに罪を被せるわけにいくまい。なにしろ解散していらなくなった川崎航空の工員寮をもってきたというだけあって、天井は低く、しかもベニヤ張り。雨の日には、そのベニヤに雨水が溜《た》まって、ドサリと板ごと落ちたこともあったし、教室と教室の間もベニヤ板で仕切られているにすぎないから、隣の教室の声がまる聞こえである。こんな状態で、どうして正常な勉強ができよう。市民は偏見だけではなく、こうした学校の状況や教員体制を含めて〈部落学校〉とさげすんだ。

一方、ごく一部の中学校で画期的な取り組みが進められた。夜間中学校だ。戦後、最も早く、全国にさきがけて夜間学級を開設したのは、神戸市立駒ヶ林中学校で「長期欠席・不就学児童・生徒救済学級」と呼ばれた。「昭和二四年二月一〇日、全国に先んじて夜間学級開設を敢行した。教師にのこされた最後の手段として、当局の疑義《ぎぎ》するところに目をおおい…教室に灯をつけた。」と当時の校長は語っている。

神戸市行政のために書くが、同和対策事業特別措置法以後は、面目を一新した。部落解放運動のまっとうな取り組みと、八鹿高校事件の年に発足した神戸（のち兵庫）部落問題研究所など学者・研究者の協力を得て、大都市の同和行政の到達点を示した。

2.「教育革命」

教育学者小川太郎は、近代日本の教育を「立身出世主義の教育」と喝破《かっぱ》したが、部落差別をめぐる日本の教育はその真逆だった。その矛盾を白日の下にさらしたのが、1961年の八尾中学事件だった。

私は1カ月近く八尾中学校に通いつめた。それは取材であり、調査であったが、要請されて職員会議にも出たし、市教育委員会（市教委）との交渉にも参加した。それをまとめて「教育革命」と題して世に問うた。

発端は、1961年秋の第二室戸台風だった。

私立の旧制女学校の校舎を買収して設立した八尾市立八尾中学校は、古い木造校舎だけに、この猛台風をまともにうけて大きな被害を出した。10月に入るや、連日のように部落の子どもを中心とする生徒たちの学校破壊行為がはじまった。ガラスが割られる、腰板が破られる、天井にあがって水をかけ、さわいで授業をさせない、職員室に表からカギを落として教師を閉じ込める。3年生の授業は成立しなくなるほどだった。

11月14日、3年1組内藤義道学級の女生徒14名が、集団で登校を拒否するという事態が発生した。高校入試を目前にしての、女生徒たちの思い切った行動だった。父母の説得で3時間目に女生徒も登校し、内藤学級での話し合いが放課後までつづけられた。その時、非行を批判する女生徒に、「問題生徒」の1人は、次のように発言した。

「…おれら、静かに授業をうけることが常識だぐらいは分かっている。しかし、授業の内容は、おれらにはさっぱり分からへんのに六時間すわっているのは、ほんまにしんどいのやぞ。それは、おまえらには分からへんわぁ」

この生徒たちも勉強したいのだ。14名の女生徒にとって衝撃的な発言であった。

終戦時2000人だった西郡《にしごおり》部落の人口は、八尾中学事件の頃は6000人に膨張《ぼうちょう》している。部落外からの流入だ。「ひとりもんは釜ヶ崎に、家族持ちは西郡に」といわれた失業家族の流入だ。部落を核にして貧困地帯が形成された。日本社会の最貧困層の生活上の実態が教育上の課題として顕在《けんざい》する。それはまず、子どもたちの低学力として現れる。子どもたちが通う八尾市立西郡小学校の教育白書には、「まったくできない子ども」（『部落』141号）とつけられている。

この子どもたちが、市内はもより近隣でも有名な「進学校」＝八尾中学校に入学するのだ。矛盾が顕在化するのは明らかだろう。

大阪大学進学の「名門校」＝府立八尾高校にもっとも多くの生徒を送り込むのが八尾中学校だった。（私立高校が現在のように「機能」していない当時）近隣の河内松原市・柏原市などから、八尾中学校に潜《もぐ》り込もうという越境入学が後を絶たなかった。彼らは、よくできる生徒たちでもあった。八尾中学校は、徹底した進学教育でこれに応えた。熟達した教師にはいっさいの校務を免除して、3年生担任にすえおき、進学指導一本にうちこませた。

事件の4日間を追ってみよう。14日、内藤学級の「問題生徒」たちは、3年生担任の全教師との話し合いを要求し、実現させた。15日は授業をとりやめて、3年生の部落の生徒と教師の話し合いが夜おそくまで続いた。それは、話し合いというよりも生徒集団が教師集団を徹底的に批判し、糾弾したと言った方が正確だ。はじめはいつものように対応していた教師も、生徒の追及の前に、しどろもどろになり、言葉が改まり、泣き出す女教師さえでてきた。生徒たちは、これまでの教育上の差別、進学上の差別、進学する生徒のためだけの授業の結果、男子卒業生の8割から9割が「土方」にしかなれないそれを、「土方教育」と言って、激しく追及した。

16日は部落外の生徒も加わった大集会に発展した。この日、教師たちは、深夜まで職員会議をひらいて、いままでの教育を反省し、生徒の前で自己批判することにしたのである。17日、八尾中学校50名の教師は、全生徒の前で一人ひとり、いままでの教育の誤りを認め、今後の決意を表明したのであった。

「問題生徒」たちの、「自覚と行動」を育てた決定的な力は、私は前年1960年におこった「西郡差別事件」における、部落大衆の果敢な、徹底したたたかいであったと考えている。右翼暴力団が西郡部落を公衆の面前で何度も差別したのにたいして、ひるまず町内ごとの真相報告や決起集会にはじまる、部落ぐるみのたたかいに「問題生徒」たちは参加していたのだ。

私が『部落』(1962年5月号)に書いた、「教育革命—河内平野の生徒と教師と父母のたたかい」は、『現代教育科学』(1962年12月号)に(そのまま)転載されたことからも分かるように、日本の教育界に大きな衝撃を与えた。同和教育研究会だけではなく、日本教職員組合の教育研究集会でも何回も取り上げられたし、全国生活指導研究会(全生研)では、生徒の集団化と教育実践をめぐって大論争に発展した。おそらく学校における1つの出来事が、これほどの影響をもったことは、他に例がないであろう。

日本教育学会は、3回にわたって同和教育の特別分科会を組織した。全国の教師や研究者にショックを与えたそれは、(教師としての自らの生き方も検証する)「差別」という観点から、教育を点検する「視点」が、わが国の教育界に登場したことでもあった。

(とうじょう　たかし／部落問題研究所顧問)

八鹿高校事件から半世紀

第四章　日本教育の青春と同和教育

八鹿高校事件2周年記念但馬大集会で裁判闘争報告をする山内康雄弁護士
（兵庫県高等学校教職員組合八鹿高校分会・写真集『八木川　広く深き流れに』1977年より）

十七　部落問題と教育実践

東上　高志

1. 教職員組合のとりくみ

1960（昭和35）年10月、高知市教職員組合（市教組）は「同和教育をすすめるために」（方針と手引）を発表する。38頁という大部な「方針」の特徴は、学級と教師のなかにある内部の矛盾や問題点を自らの手で明らかにし、それを克服する方向と内容を同和教育に求めたことである。

例えば「民主教育という名のもとに、種々の問題を素通りし、教師は差別教育に気づかないことが多い。…生徒指導と教科指導を別個に考え、さらに、テストの点数表や忘れ物表を示して競争させたり、給食費未納者やその他集金に関することで、個人の名前を黒板に書いたり、民主教育といいながら、子どもは分裂させられている事実はなかろうか」など—。

市教組に講演に行った私は、書記長からこの方針書をもらい驚いた。私も小学校・中学校の教師を2年間ずつやった経験がある。ここに書かれていることは、当時の学校としては日常であった。驚いたというのは、学校や教師の弱点を「方針」「手引」に赤裸々《せきらら》に書いていることだ。

書記長は、この「方針」「手引」は水田精喜先生の実践がもとになっている、と明かしてくれた。

例えば、水田ら福祉教員が苦労して長欠・不就学の児童を教室につれてくると、「手のかかる子どもがまた増えた」といい顔をしない教師が大部分だった。

水田は１９５８年4月、教壇に帰り5年E組を担任する。「40分授業といっても、正味は20分ぐらい。あっちを鎮《しず》めれば、こっちが騒ぎだすというありさまで、その正味の20分でさえも切れ切れの有様であった。」これが市立長浜小学校という（部落と部落外の児童が混在する）差別と偏見の地域の教室の実態であった。

5年間の福祉教員の経験を持つ水田は、この分裂・対立した群れを、どういう集団に高めることが同和教育なのかと模索《もさく》し、思いきった実践を展開する。その中心は綴方教育と集団主義の教育であるが、これを水田は「同和教育に立った学級づくり」と呼んだ。

5年生、6年生と進むにつれ、このクラスはすばらしい学級集団に生まれ変わる。それは勤務評定反対闘争のさなか、「水田はアカだ」と攻撃した反動的な父母もふくめた全父母が、私立中学校に進学させずに、「南海動物園」と揶揄《やゆ》されていた市立南海中学校に進学させるから、水田も一緒に転校してくれという、自然発生的な運動に発展した。

4月、水田学級の子どもたちは全員、南海中学校へ進学した。しかし、（約束があったにもかかわらず）水田は高知少年補導センターに転出させられてしまった。だが、父母の猛烈な運動がみのり、9月に南海中学校に移る。ところがどうであろう、あれほどまでに育っていた子ども集団が崩されていたのだ。

彼は長浜小学校の2年間で、教師集団全体の取り組みがないかぎり、一つのクラスの実践も実らないことを知って職員会議に提起し、取り組んだ。それがいまでは、小学校・中学校の全教職員のものにならないと実現しないことを痛感させられ、あらためて教職員組合に提起したのだ。教師の経験者なら誰もがわかることだが、校種・校区を越えたそれは、教職員組合の運動でしか実現しない。

長浜小学校・南海中学校での水田の実践は、同和教育の取り組みを通して、民主教育を創造的に発展させるものであった。それは全国同和教育研究協議会（全同教）第12回大会（１９６０年、京都市）の報告「小中一貫した教育はどのようにあるべきか」に見ることができる。これが日本の教育のなかで、中学校区単位の教師集団によって、地域に根ざした民主教育を保障しようというはじめての提起であり、実践であった。

そして、それは教育実践における教職員組合の役割の「開眼《かいげん》」でもあった。

2．山内中学校の「集団の教育」

1959（昭和34）年11月、広島県教職員組合（広教組）は2日間にわたって広島県同和教育研究集会を開催した。この集会はこれまでとは質のちがった集会であった。

第1は、教職員組合が単独で全県集会を開いたこと、第2は、全県的なつみあげ方式─分会から始めて正会員を決めるという、全組合員参加の形をとったこと、第3は、研究討議をするだけでなく、大会の決議として具体的な実践を打ち出したことである。それは翌年の第2回大会で決定された、映画『人間みな兄弟』を小学校5年生以上、高校2年生までの全児童・生徒に学習させるという大事業だ。

教育委員会だけでなく、教組も大々的に同和教育実践に乗り出した広島県で、全校をあげての見事な実践が生まれた。山内市中学校の「集団の教育」だ。

「山内中学が同和教育をはじめてから、まるっきりかわりました。はじめのころは私たち父母は心配で心配で、あんな教育はやめてもらおうといういていました。まえは静かに授業を受けていたのに、同和教育やりだしてから、集団やグループやいうて、わいわいさわいでいるし、テストはなくなる。通知簿は変わる。子どもたちは、権利だ権利だとなんでも主張するようになる。いったいどうなることかと思っていました。ところが三月の卒業式と入学試験の結果でびっくりしたのです。親の私たちがいうのはおかしいが、あんなりっぱな卒業式はみたことがありません。しかもそれがすべて生徒たちの手によってやられたのです。心配していた入学試験には全員が志望校にパスしました。親の私たちはキツネにつまれたような感じでした。しかし、子どもがしっかりしてきたこと、それもみんなの力でぐんぐんよくなってきたことをこの目でみれば、親もかわらざるを得ません。この歳になってほんとうの教育というものを、はじめて知りました。

こう私に語ったのは、当時、山内中学校の育友会長で、庄原市議会の副議長でもあった迫田《さこた》務氏である。実は保守系の有力者である迫田氏は、山内中学校を動かした30代の三教師に、「アカイ三羽烏」というあだ名をつけた張本人だ。

「集団の教育」への手がかりは、１９６０年から始まった日記指導であった。番城昌弘学級から開始された日記指導は、すぐ全校でとりくまれた。庄原市立山内中学校は教師10名、生徒２００名前後、１クラス30名～35名、全校６クラスという、山村のこじんまりした学校である。当時の新制中学校はほとんどがそうであったが、若い教師が多かった。ひとつの方向にその若いエネルギーが結集したとき、それは大きな力を発揮する。山内中学校がそうである。

学習や生活の意欲を高めるためには、それを阻害している要因を明らかにすることだと考えた番城は、授業や日常生活の悩みを、率直に書くことを繰り返し指導した。書いたことによって、不利になるようなことは決してないから、ということも含めて。

当然のこととして、教師への不安と不満、ときには抗議といっていい内容と、学級内の人間関係の葛藤《かっとう》を訴えるものが多かった。他の教師の授業への不満も多く書かれている。私することは許されない。職員会議に提起し、全校のすべてのホームルームで取り組むことになった。山内の教師のえらかったことは、それを書きからせたことである。それは一面「こわいもの知らず」の若さゆえに可能なことでもあった。

集団の教育の基礎となった、ある取り組みが発足した。「ホームルーム会」という名の学級担任だけの会議の創設である。日記のなかに提起されている問題を交流し、検討し、学級担任としてその要求に応えていくという略称「ルーム会」は山内の教師を変革する要になった。生徒たちの実態をいかに知らないか、生徒のとらえ方がなんと一面的であることか。教師への、とくに授業にたいする不平・不満・要求がどれほどきびしいか。「ルーム会」の教師たちは、苦渋にみちた検討会のなかで学び、職員会議にもちだした。教師たちのたたかいの開始だ。

番城は次のように書いている。「毎朝、ショートホームルームで一〇人の生徒を単位にして日記を集め、休憩時間や昼食時間の寸暇を惜しんで読み、末尾に感想を書いてその日の午後のホームルームには返していく。返された日記の赤ペンの部分を真先に開いて、食い入るように読む生徒の眼差《まなざ》し、そこには教師と生徒の心の触れあいが火花のようにあった。」

山内の教師たちの取り組みは、生徒を教育の主体に、と変わっていった。なによりも重視されねばならないのは、授業であろう。事実、山内中学校では、生徒会活動が発展し、差別のない学校づくりがめざされるなかで、「できる者にだけわかる授業をしていて差別をなくそうというのはおかしい」という日記を発端に、「授業のなかには差別がいっぱい残されている」という生徒の抗議と要求がもりあがり、授業の変革が大胆に取り組まれた。それはグループ学習といって、小集団を授業の中核にすえるやり方だ。

授業をかえる方向もつかめなかった教師たちは、授業の終わりに「授業の感想」を書いてもらうことから始めた。生徒の「わかりたい」という要求から学び、授業変革の手がかりとしていったのだ。一人の教師が「きょうの授業はよかった」と言えば、次の空き時間にはすぐに参観に出かけて、その授業の真似《まね》をする、というやり方だった。研究授業も週に一度は組まれた。すべて立候補制で、困っている教師に、研究授業をする権利が優先的に保障された。

山内中学校では、『やさしい部落の歴史』（部落問題研究所）を使っていた。その学習を父母へも広めねばならないと部落に出かけて行ったのは、広教組の研究集会が始まった年だった。途中までしかバスが行かないので、残り1㎞の道を歩いて部落に着いた教師たちは、差別などもうない、教師は学校で勉強を教えていたらいいのだ―と、体《てい》よく追い返されてしまった。ほうほうの体で学校まで歩いて帰った教師たちは、冷たい校庭に腰を下ろすなり動けなくなった、と言う。

教師が、父母にこんなにも信頼されていないことを、身をもって教えられたわけである。しかし、山内の教師たちはへこたれなかった。毎週1回、2カ所にある部落に出かけて、父母と学習会をもち、生活のこと、教育のことを話しあった。部落の親たちが心を開いてくれたのは、ほぼ1年たった頃だったと言う。

人間が変わることは、決して一方的ではない。働きかけた教師が、逆に学んだことも多かった。とくに長年差別と貧乏のもとで暮らしてきた父母と学びあうなかで、人間として生きること、人間として尊ばれることがどういうことか、徐々にではあるが、教師たちによってつかまれていった。そうなると、教室の一人ひとりの生徒が、まさにかけがえのない人間であり、その子の願いや要求に応え、高めていく教育の仕事の意味がいよいよはっきりしてきた。山内の教師たちのエネルギーは、生徒の発達ぶりと、父母のこうした生《なま》の願いに充電《じゅうでん》されつづけてきたのである。

１９７２年、山内中学校は庄原中学校に吸収合併され、もうない。しかし私は、山内中学校のとりくみを教師・生徒・父母の「教育集団」の実践ととらえた。ここで取り組まれた「集団の教育」は、戦後同和教育の金字塔である。

（とうじょう　たかし／部落問題研究所顧問）

八鹿高校事件から半世紀

第四章　日本教育の青春と同和教育

神戸地裁前庭に結集する第1回刑事公判支援の人々。
(兵庫県高等学校教職員組合八鹿高校分会・写真集『八木川　広く深き流れに』1977年より)

十八　責善教育と私の高校生活

小川真奈美

1．高校部落研との出会い

私は、1964年に和歌山県田辺市に生まれました。県立田辺高校入学が1980年です。高校でのクラブ活動をどうしようかと思っていたときに、隣の高校で生徒会活動をしていた3歳年上の姉が、紀南高等学校責善教育研究会や全国高校生部落問題研究集会に参加したことがとてもよかったので、全国高校生部落研集会に行けるクラブに入ったらどうかと言ってくれました。姉が言うなら一度話を聞いてみようかと、軽い気持ちで「社会クラブ」顧問の田所顕平先生を職員室に訪ねました。今から思うと、それは私の人生の方向を決めることになる大きな選択となりました。

社会クラブでは、最初のころは放課後部室に集まって、先輩たちとおしゃべりをしたりトランプをしたりして過ごしていました。地域にある無認可障害者共同作業所にボランティアに行くこともありました。『社会発展史入門』の本をテキストに、学習にも継続して取り組んでいました。「八鹿高校事件」のパンフレットなども部室に置いてありました。地元の地域の子ども会でリーダーとして頑張っている同級生も社会クラブに入部していました。

2. 様々な集会に参加

夏休みに入ってすぐに、和歌山県新宮市で紀南責善集会がありました。紀南地方の10校くらいの高校の部落研、黎明会、社研部などの高校生が集まり、１泊２日で分科会と交流が持たれました。

分科会は、部落問題、障害者問題や平和問題、恋愛についての分科会もあり、高校生自身がレポートを作り発表し、司会も高校生がかっこよく進め、いろんな意見を出し合い深めていて、１年生の私にはとても刺激的でした。

今なら、世界の温暖化・気候危機やジェンダーの問題も大いに議論になるだろうと思います。分科会だけではなく、夜の宿舎での、学校を越えた交流もとても貴重なものでした。懐かしいアルバムを引っ張り出すと、１年生の夏休みに、「紀南責善」「県生徒会連絡協議会夏期ゼミナール」「リーダー講習会」（生徒会の研修）に参加した時の写真がありました。県下の高校生たちと一緒に学習し、交流を深めていました。

毎年春には、生徒会や社会部の仲間たちと和歌山県の「高校生集会」にも参加しました。

3. 現地での調査・研修

田辺高校社会クラブは、和歌山県高等学校同和サークル連絡協議会に参加していました。紀南の南部高校、田辺高校、田辺商業高校、田辺工業高校、南紀高校、熊野高校の６校の紀南責善第４ブロック連絡協議会では、私が入学する数年前から、夏休みに１泊２日、地元の同和地区に現地研修・実態調査に入っていました。

１９７７年には、田辺高校社会クラブだけで本宮町の調査に入りました。その経験がブロック全体での現地研修につながり、１９７８年にはすさみ町石橋・神田地区に入り、第14回全国高校生部落研集会で報告しています。１９７９年は白浜町平間地区に入り、研修結果のスライドを作製し、第15回全国高校生部落研集会で報告しています。

私が高校1年の夏（1980年）には、南部町の芝崎地区で水道闘争を学びました。私も参加する予定でしたが、当日熱を出してしまい行けなくなりました。それで私は、現地の方に聞いた話のテープ起こしをすることになりました。現地に参加はできませんでしたが、水道闘争を闘った地元の方の話から多くを学ばせてもらいました。第4ブロックの仲間たちが学ぶ様子もリアルに感じられたテープ起こし作業でした。そして、研修結果をスライドにして、第16回全国高校生部落研集会で発表をしました。

この集会は山口県でありました。第4ブロックから参加するみんなと一緒に紀南から各駅停車の電車に乗り、大阪からフェリーで山口へ向かいました。寒い朝でした。集会で学ぶことは大きいのですが、行き帰りの道中、電車やフェリーの中で、そして宿舎で、全国の部落研の仲間や、第4ブロックの仲間たちと交流し語り合ったことは、全国の仲間と繋がり、国民融合の実践を進めている和歌山紀南の地で、部落研活動をやっていこうという決意になりました。

高校2年生の夏休みの第4ブロックの現地研修・実態調査は、本宮町の苔地区でした。バスを貸し切って行きました。山の中のくねくね道を数時間。ひどい車酔いをしたのも懐かしい思い出です。

本宮町苔地域は立地条件が悪く、大雨が降ると山崩れの被害が出る地域でした。それで集団移転をすることになるのですが、その移転先が本宮大社を見下ろす場所にある祓所地域でした。1889（明治22）年の半島大水害の時、苔地域は山津波（深層崩壊）で壊滅的な被害を受け、上流の空き地への移転を申し出るも「大社の上手」であることを理由に拒まれました。

それから100年近くを経て、同和対策の小集落事業で、ようやく悲願の移転を果たしたのです。実現できたのは、それまでの苔地域住民の闘いが、決して苔地域だけが良くなればいいということではなく、村全体がよくなるように常に本宮町全体の住民の生活を守る運動と連動して取り組まれ、その運動を苔住民が献身的に進めてきたことで、町民全体が苔地域が本宮大社の上に移転することを当然のこととして歓迎する土台ができていたからでした。

私にとっては初めての現地研修で、よくわからないことも多かったのですが、〝周辺地域住民と共に〟ということがどのように進められたのかを学びたいと思いました。各校の先輩たちと班を組み、現地の方からお話を聞かせてもらいました。その年は、地元和歌山県で第17回全国高校生部落研集会がありました。私たちは、本宮町の現地研修のレポートを持って参加し、全国から来た高校生と学びあい交流しました。

高校3年生（1982年）の夏には、1978年に引き続き、すさみ町で現地研修を行いました。4年前の先輩たちの調査に学び、その後の変化、部落問題解決に向けてさらにどのように運動を進めてきているかなど学ぶことを整理し、現地に向かいました。各校に後輩たちも増え、仲間たちと知恵を出し合い、補い合いながら、活動を進めていきました。

4．第4ブロックの活動

第4ブロックは、場所を各校持ち回りで土曜日の放課後に定期的に「ブロック会議」を開いていました。今なら無理かもしれませんが、当時は顧問の先生が自家用車に生徒を乗せて、連れて行ってくれたこともありました。ブロック会議の日は、顧問の先生が学校の他の先生方からカンパを集め、生徒たちにお菓子を用意してくださることもありました。「なぜ先生たちが、生徒のお菓子を買うためにカンパをしてくれるかわかる？ あなたたちの集まりがとても大事なことだからですよ。学ぶことはもちろん、交流も」と言われたことがありました。

私たちは、第4ブロックの仲間たちが大好きでした。部落問題を学ぶこと以外にも、みんなで障害者共同作業所へボランティアに行ったりもしていました。新入生歓迎会、クリスマス会、卒業生を送る会などもブロックで集まって行いました。学校の枠を越えてかけがえのない仲間になっていきました。

私の手元にある、卒業生を送るブロック送別会の写真には、顧問の先生方も含め総勢34人が写っています。学校も学年も制服も住んでいる地域もバラバラな私たちが、強く繋がりあって活動していたことは、今でも自慢に思います。

夏の現地研修の前には、その地域の歴史や、何を聞かせてもらうか、どんな調査をするかなどをみんなで学び準備しました。部落問題は難しいけれど、社会発展の法則も部落解放への道のりも基本から学び、それぞれ自分の問題意識を出し合い、それによって班分けをし、そして現地に入らせてもらって実態を学ばせてもらいました。

1969年の同和対策事業特別措置法、それを引き継いだ1982年からの地域改善対策特別措置法で、私の子どもの頃から比べても、地域は大幅に改善されていきました。私たちも、事業の進展、地域の変貌、住民の意識の変化など年々問題意識を深め、成果と課題を確かめ合って、調査を発展させていきました。

部落問題の解決とはどのような状態をさすのか、それはどういう運動で実現していくのか、実現してきたのか。それを机上で学ぶだけではなく、実際地域を訪問して、住民の方々から聞き取りし、地域の環境も見て、学び、学校に帰り、みんなでまとめ、発表する。そういう積み上げをみんなでしていきました。

私が卒業した後も毎年、印南、日置川、白浜、本宮と10年にわたりブロック校区内の同和地区で現地研修・調査活動が続けられたと聞いています。

5. 部落問題解決の最終ランナーになる

私たちの合言葉は「21世紀に部落問題を持ち越さない」「部落問題解決の最終ランナーになる」でした。部落問題の解決へ向かっている地域から具体的に学ばせてもらい、国民融合論を実感していきました。どの地域でも一貫していたことは、同和地区だけがよくなればいいということではなく、常に周りの地域とともに良くなっていくこと、共通の要求を大事にすること、交流することを大事にしていたことなどでした。

南部町芝崎地区では「水が必要なのは芝崎地区だけではない、隣の地区も一緒」と。すさみ町石橋・神田地区では、差別した当事者とも積極的に交流を求め、部落問題解決のためにともに行動するようになってもらったり、環境改善事業も同和地区だけではなく周辺の地域もともに良くしていくことで理解を広げていくことを徹底していました。白浜町平間地区では、「周辺地域住民とともに福祉の向上を図ろう」がスローガンに掲げられていました。

どこも、かつては厳しい差別を受けていた地域ですが、排外的な運動に陥るのではなく、本当に部落問題を解決していくことになる運動のあり方―環境、仕事、教育、結婚、暮らしの現実を改善していくこと、格差の是正、社会的交流、差別や偏見が受け入れられない地域づくり―などを周辺地域住民の理解と合意を得ながら住民自身が選び取っていったのです。

私たちは現実の部落問題解決の途上の運動と、それによって変っていく地域を目の当たりにし、国民融合論の実際を実感として胸に刻んでいきました。

当時高校生の部落研活動や生徒会活動を導き支えて

くれた顧問の先生たち。若い組合員の先生たち。高校生の自主的な活動を全力で守り育て支えてくださった多くの先生方に深く感謝したいです。

6．今につながる高校時代の学び

私は、1983年に高校を卒業しました。高校部落研活動の中で知り、経験し学んだことをもっと学びたいと思い、京都の大学に進学しました。大学時代も短期間、部落研に所属して、先輩方からたくさんのことを学びました。

大学卒業後は無認可の障害者共同作業所に就職しました。社会クラブで地元の作業所にボランティアに行かせてもらい、障害のある仲間が作業所で働き、過ごす中で、生き生きと変わっていく姿に接し、私も関わりたいと思ったからでした。給料も低く、父には「社会の捨て石になるのか」と言われましたが、私は「障害のある人を大事にしている作業所は社会（歴史）の最先端だ」と父に言いました。

現在は滋賀で暮らしています。長女が重い障害を持って生まれましたが、障害があっても生き生きと生きている人の姿を知っていたので、障害があるからといって娘の人生を悲観するようなこともありませんでした。職員として接するのと、親としてすべて背負うのとでは確かに訳が違うという部分はありますが、障害があっても当たり前の生活を送る権利があること、発達する権利が充分保障されなくてはならないこと、そして、おかしい思うことには声を上げること、仲間を信頼し多くの人と手をつないで要求を訴えていき変えていくこと、自らがその主体となること、そういうことは高校部落研活動のときから学んでいたことです。

しんどい状況の中でもしぶとくめげず踏ん張ること、いつも多くの仲間とともに励まし合って生きていくことが生き方として自分の中で定まっていました。高校に入学した時、もし社会クラブの門を叩いていなければ、今こんなにしぶとい生き方はできていなかったかもしれないと思います。

高校卒業後、部落研の仲間たちはそれぞれの道に進み、仲間の現在のことはわかりませんが、多感な高校時代に学んだ社会の見方や生き方への深い探求は、きっと今それぞれの場所で頑張るみんなの力になっていることと思います。

（おがわ　まなみ／和歌山県立田辺高校・1983年卒）

八鹿高校事件から半世紀

第四章　日本教育の青春と同和教育

（兵庫県高等学校教職員組合八鹿高校分会・写真集『八木川　広く深き流れに』１９７７年より）

八鹿高校事件第１回刑事公判（1975年5月30日）／神戸地裁前庭で、断固たたかいの決意を表明する片山正敏教諭。

十九　和歌山県の勤評闘争と国民の教育権

東上　高志

1. 日米安保の影

和歌山県の勤評闘争ほど、権力と部落問題の関係をあぶりだしたものはない。

１９５０年に勃発《ぼっぱつ》した朝鮮戦争を契機に、戦後日本の民主主義は重大な試練に直面する。アメリカの世界戦略のもとに発足した警察予備隊は、１９５２年に保安隊となり、「逆コース」の波にのって自衛隊と改称、「わが国の平和と独立を守り、国の安全を保つため、直接侵略および間接侵略に対してのわが国を防衛する」（自衛隊法第３条）として、再軍備を完了した。

こうした過程が進行中の１９５３年秋、「池田・ロバートソン会談」がワシントンで開かれ、「日本政府は教育および広報によって、日本に愛国心と自衛のための自発的精神が成長するような空気を助長する」という秘密協約をかわし、教育の反動化、軍国主義化への道を約束した。

それは政策化され、1954年2月に政府は第19国会に、「教育公務員特例法の一部を改正する法律」と「義務教育諸学校における教員の政治的中立の確保に関する臨時措置法」、いわゆる「教育二法案」を提出した。

日本教職員組合（日教組）は「憲法と教育基本法の生命である『平和と民主主義』の教育と『教え子の幸福』をあくまで守りつづける」との闘争宣言を発し、「二法案反対署名」に取り組み、438万筆に達した。この闘争のさなか、京都市立旭丘中学校の教師3名が「偏向」教育があったとして懲戒免職の処分を受け、京都市教育委員会の休校処置に対して、授業の自主管理を含むはげしい抵抗をつづけたが、5月に「教育二法案」は成立した。

翌1955年2月の衆議院選挙において、議席の3分の2の壁を破って、一挙に憲法「改正」を強行しようとした日米支配層の意図は、国民の審判の前に挫折した。しかし、この苦い経験は、強力な統一保守政党と長期安定政権への期待となり、同年12月に民主・自由両党が合同して、自由民主党が結成された。

翌1956年4月、政府は「地方教育行政の組織及び運営に関する法律案」（新教育委員会法）、いわゆる任命教育委員会法案の採決を強行した。この任命制教育委員会に期待されたミッション（使命・任務）が、教職員の勤務評定であった。

2. 和歌山県の勤評闘争

教師に対する人事管理の「合理化」を名目とした勤務評定は、日教組の力を弱め、教育を権力の手中に収める政策であることは明らかだった。

和歌山県の勤評闘争の第1の山場は、1958年2月の和歌山県教育委員会（県教委）と和歌山県教職員組合（和教組）の団体交渉だった。県教委は「勤評が責善教育にマイナスになるなら実施しない」と約束し、「両教組と十分話し合う」ことが文書確認された。

5月13日、勤務評定反対共闘会議が、和教組、高教組、教育庁職組、県職組、県地評、部落解放同盟、和歌山大学自治会の七者で結成され（七者共闘と称した）、校区ごとに居住者共闘会議がつくられていった。地教委との交渉が重ねられ、たとえば有田郡では4地教委が反対、1地教委が総辞職、3地教委を態度保留に追い込まれだ。

そこに、県地評とは別に国鉄労組が共闘会議に単独加入した（八者共闘）。私は、田舎で育ったからわかるのだが、この意味するものは大きい。駅員さんだけの組合ではなく（その組織率はわからないが）、線路工夫といわれた、「村びと」の参加を示しているからだ。国鉄労組は、教組・解同と肩を並べてたたかった。

5月20日、県教委と八者共闘との統一団体交渉で「勤評の本質について話し合う、抜き打ち実施はしない。実施により責善教育に悪影響を及ぼすことが明らかになったときは実施するか、又は辞職するかの態度を決める。」という協定が確認された。

5月29日、県教委指導課主事全員（17名）が、指導課長を含めて「勤評は教育効果を低下させ、責善教育を阻害する」と県教委に上申。内部から反対の声があがったことから、県教委は窮地に追いこまれた。

追いつめられた県教委は、6月3日、八者共闘との間で取り交わした協定や約束を一方的に破り、突如、勤評実施を表明して、実施規則と評定内容を決定、即日実施とした。この抜き打ち実施は、県民大衆の怒りをかきたてたばかりでなく、板挟みになって苦しんでいた地教委の不満を表面化させ、マスコミの関心を集める結果となった。

和教組は6月5日、全組織を挙げて10割いっせい休暇闘争（ストライキ）を敢行、県下の小学校・中学校の職場の91・5％が整然と統一行動をうち、全国の人びとを驚かせた。八者共闘は、日教組の第一波闘争の3日間、子弟の同盟休校をおこない、県下の小学校・中学校の6割が臨時休校の措置をとり、13地教委は「勤評事務一切を拒否する」と表明した。

6月6日、八者共闘と県教委の団体交渉では、県教育委員の一人が、勤評に反対して共闘側に移った。県教委の足並みは乱れ、「今後も団交に応じ、勤評が責善教育を阻害すれば強行しない」と約束せざるを得なかった。この様子は連日マスコミに報道され、国民に強い印象を与えた。

こうした事態は、権力にとって猶予ならないものであった。全国的に勤評体制が成立する直前、36番目に勤評実施を決定した和歌山が、民主勢力のたたかいの前にズルズルと後退したことで、勤評闘争が守勢から攻勢に転じることになるからである。和教組の推薦もとりつけて知事に当選した小野直次を急遽《きゅうきょ》自民党に入党させ、矢面に立たせた。

6月9日、小野知事は、県教委に対する積極的な支持を表明し、自民党は「処分の実施・警察権の発動・

反対闘争に反対する住民の組織」など、6項目の「秘密指令」をだした（「読売新聞」）。県教委は、団交の一方的打ち切りを宣言し、大阪から警察機動隊200名を動員して、県庁前広場に座り込んでいた人びとに「実力行使」をおこなった。

弾圧は凶暴を極めた。自民党の「秘密指令」どおり、各地に「教育を守る会」がつくられ、切り崩し、「逆スト」、PTA解散、教師個人の集団的つるしあげなど、手段を選ばぬ「攻撃」が加えられた。自民党和歌山県連（玉木和郎は、「3万4000名の登録された党員がいた」と『中央公論』1960年4月号に書いている）を中心に、地域ボスが組織した住民の攻撃とあいまって、和教組からの組合脱退が続いた。部落では、公金を使って反解同組織がつくられた。

翌1959年4月、県教委は2000人に及ぶ教員異動を発令し、明らかな報復人事をおこなった。組合専従を認めず、年休届けを出す専従者を職場放棄で処分すると通告した。責善教育の実践者を巧妙な人事で追い出し、責善教育担当主事を全廃した。

県教委は、和教組と公選制教育委員会がつくりあげてきた責善教育を総力を挙げて潰しにかかった。小野知事は、全国知事会で「教組だけだったら何とでもなったが、解放同盟がいたので手こずった」という意味の報告をしているが、この理解は正確ではない。

村上兵衛が「今日、和歌山県では責善教育が教育の本筋であることを疑うものは殆どいない。だからこそ〃勤評は責善教育に害がある〃（七者共闘側）、〃害がない〃（施行者）という論争も行われたのである。」と『中央公論』に書いたように、教育が国民の手に移るか、それとも権力のものなのかが争われたからこそ、国政上の争点となり、権力の総攻撃を受けたのだった。

「池田・ロバートソン会談」を思い返してほしい。部落民だけではなく、県民大衆も責善教育を「吾《あ》がらの教育」と言いだした。権力が怖れたのは、それであった。

3.「吾《あ》がらの教育」

1953年8月、和歌山県で注目すべき教育調査が行われた。和教組文化部長を責任者に、和歌山大学の協力を求め、朝来《あっそ》中学校（和歌山県西牟婁郡上富田町／現・上富田中学校）下の大谷部落に現場教員8人、和歌山大学学芸学部の学生15人、指導教官2人で部落の生徒の家に泊まり込み、生徒と同じ食事をすること、生徒と同じ布団で寝ること、生徒と同じ仕事をし、行動をともにすることを「申し合わせ」にした調査だった。

「朝日新聞」県版は「二〇戸の家々に分宿宿泊したメンバーは、あるものは朝四時から起床、田畑に出て子どもたちとクワをとった。田の草刈りをした。またあるものは一人の子どもを背負い三人の子どもの手を引きながらセンタク、掃除などを手伝い、話し易いふん囲気をつくり出した。」（8月29日、朝刊）

指導教官だった西滋勝は、次のように書いている。

「小学校在籍者の四割、中学校在籍者の六割が長欠、中学を出ていくものの半数が卒業証書なしに除籍されていくという実態は、ただ個々の教師の個々の努力や良心によってどうにかなるという問題ではなかった。…貧しい生活の現実を、子どもとともに見つめ、考え、怒り、ともにたたかう姿勢に立つことなしには何一つ指導の成立する基盤のないことも教師たちは知らされた。」

学ぶことの前に、生きることという現実があった。いや、生きることと結びつかない「学び」は成立しないという現実があった。これが、和歌山県下の１００にのぼる部落の実態だった。和歌山県の責善教育は、教組と公選教委の8年を担った村上五郎の教育行政がタッグを組んで、現実と格闘した。その典型の１つが、朝来中学校だ。

１９６０年つくられた亀井文夫監督の『人間みな兄弟』というドキュメント映画に、朝来中学校のおんぼろ職員室が紹介され、その壁に張られた教育方針が大写しされる場面がある。

１．教師はまず子どもから学ぼう。
２．生活を見つめる子どもを育てよう。
３．合理的科学的な正しいものの見方、考え方をもった子どもを育てよう。
４．正しい抵抗感をもった明るい子どもに育てよう。
５．健康で情操豊かな子どもを育てよう。

これが１９５６年につくられた朝来中学校の責善教育方針であり、和教組が打ち出した「誰でもとりくめる責善教育を作りあげよう」の「提起」を具体化したものである。

１９５７年1月、和歌山県責善教育研究大会が朝来中学校で開かれ、授業が公開され、大会報告冊子にまとめられた。以後、県内はもとより全国の同和教育実践に一定の影響を与えることになる。

朝来中学校の実践の特徴のひとつは、教科指導がその教科の論理に即して進められながら、指導の過程でつねに足もとにある具体的な生活課題と結びつけて進められたこと、ふたつめは、生徒会活動の飛躍的な高まりを実現していることである。

和歌山県下でもっとも困難な学校といわれた朝来中学校を、教師集団と生徒・父母が団結して、生き生きとした学校に変えていったのだ。父母は「吾《あ》がらの学校」を誇り、県下に「吾《あ》がらの教育」を浸透させていった。

教育評論家の村上兵衛が「教育の本筋」と言ったのは、それであった。著名な評論家藤島宇内・丸山邦男と『中央公論』に掲載されたルポルタージュは、『日本を創る表情』（弘文堂、1959年）と題して公刊された。私はそれを「日本教育の青春」と表現した。それを権力がどうねじ伏せていったかは詳述した。問題は、その後であろう。

1961年、和教組・和高教組は、独力で「第一回責善教育研究集会」を開催した。1971年、和教組はこの10年間を総括した文書の中で、「第18回全同教大会を和歌山市内を会場にして成功させ、引きつづいて1967年、和同教を結成して運動と教育の幅を大きくひろげるとともに、各郡市での責善教育支部集会を成功させるようになり、1969年には『人間尊重（同和）教育』伝達講習会を中止させ、全県各地での数十件に近い差別事件闘争や『橋のない川』の上映活動など、運動と教育を一層発展させました」と書いている。

和同教は、他府県にみるような教師であれば即会員であるという「当て職」的な組織ではなく、会費を支払う自主的な参加で、教師以外の県民も参集した。

これで和歌山県においては、和教組を中核に部落研、和同教という部落問題と民主主義教育に取り組む実践主体の全県組織のトリオが創り出されたことになる。公選制教育委員会のもとでの「半官半民」の態勢を、民主的に止揚したと結論づけていいだろう。

こうした力と実践が、1973年に、県教委の時代錯誤で県民を分断するという「悪名高い」「人間尊重（同和）教育」を廃棄させたのであった。

（とうじょう　たかし／部落問題研究所顧問）

八鹿高校事件から半世紀

第四章　日本教育の青春と同和教育

丸尾たちに一歩もゆずらず対決し、以後の流れを根本的に変えた八木川原の集会。１年前のその思いを新たに、八木川原に集まった在校生と教職員（1975年11月22日）。
（兵庫県高等学校教職員組合八鹿高校分会・写真集『八木川　広く深き流れに』１９７７年より）

二〇　日本教育の青春と高校生活

東上　高志

1．高校部落研

連載も終わりとなった。この連載で私が知ったのは、教育は育ち合う仕事だ、ということだ。

私は連載のため、知り得た元の生徒たちに電話をかけまくった。誰も、私が全校生に講演をしたことを覚えていてくれなかった。ところが、元生徒たち、とくに女生徒が口にしたのは、綾部《あやべ》高校部落問題研究会OBの松下頼子さんの講演だ（1）。

高校部落研と高校生活を知ってもらうために、滋賀県の高校部落研で自己形成した中学校教師・中川謙二さんの発言を引用する。

「高校時代をふり返ると、そこに勉強を中心にした学校生活があるということよりも、むしろ部落問題ととりくんだそれがあった、という思いが強いのです。ぼくが育ったのは、部落研だったな、というイメージです。

　ぼくが立っている立場、中学校教師という立場でいうとね、やっぱり上から教えているわけです。そして、よく頑張ったな、とほめてあげる。ところが高校部落研は違うわけです。生徒も教師も部落問題に共感しながら、共に育つ、人間としての生き方をつくりあげていく、という感動があります。ぼくらが主人公で、先生は人生の先達として温かく見守ってくれている、という関係ですね。…部落研では、高校生たちが自分たちで、がやがや、わぁわぁ、いいながら必死にとりくんだ。それを落ちないように見てくれている先生がいる、という感じだったんです。

　だから面白かったし、やりがいがあったし、やりとげたんだという充実感があった。人がつけた道を、もう一回歩いている、というのではなく、自分たちが道を切り開いているんだ、という気負いがあった。本当は先生がしくまれていたんだろうと思いますが(笑い)、教師になって、いまはそういうことがわかりますが(笑い)、高校時代はそうでなかった。そういう関係がよかったですね。ぼくは中学校の教師として、なんとかそういう充足感というか、自分のねうちを実感できる場を、ひとつでも多くつくってやりたい、と思っています。」(座談会「高校生活と部落問題、そして人生」／『部落』561号)

　この発言は、高校部落研活動の本質を突いている。「教師も生徒も部落問題に共感しながら、共に育つ、人間としての生き方をつくりあげていく」がそれだ。

　ところが、同じ部落出身の生徒でも1960年代前半の現実は違った。1963年京都府立綾部高校で高校部落研が誕生した経緯が、それをよく教えている。K君は、会社の学科試験・身体検査・面接に合格していたにもかかわらず、部落差別で不採用になる。部落の生徒が経験させられていた現実だ。K君は必死の思いで、部落問題が学べるサークルの結成を生徒大会で訴えた結果、結成される。松下頼子さんは、その中で育っていった。

　高校部落研を全国的に発展させたのは石田眞一だ。朱雀《すじゃく》高校定時制で人文科学部(サークル)を指導し、勤労青年の労働と「屈辱」の毎日を高校教育に結び付け、自身が受けた部落差別と結合した同和教育の実践を展開する。その9年間におよぶそれは、高校部落研活動の「原型」を創り出す。それは又、民主教育の方法的原理といっていい「教育実践と実生活の結合」を地で行くものでもあった。

石田を中核として、京都府高校同和教育研究会、京都府立高等学校教職員組合と民主府政の教育行政の後押しを受けて第一回高校生部落問題研究集会が京都市で開催されたのは1964年だった。

第二回全国集会では、京都の高校生たちが、文集を販売するというカンパ活動をして、北海道のアイヌの高校生を招待して交流を深めたし、翌1966年の第三回集会では、沖縄県の高校生を招いて基地と高校生活の現実を学んだ。集会は、数千名の全国的規模で開催されていった。

石田は、「高校部落研活動がめざした、平和・民主主義・人権・差別に対するとりくみは、現代社会の現実から逃避しようとする傾向の高校生が多い中で、社会の動きから目をそらさないというだけでなく、民主主義の実践者としての歩みを示した点で重要であった」と総括している（『現代同和教育論』部落問題研究所、1985年）。そして、「日本教育史のうえに新しい分野をきりひらいた高校生の部落問題研究活動」と提起した（『国民教育研究』44号）。

私はそれを「日本教育の青春を物語るもの」と考えている。そのひとつの実証として、和歌山県南紀の高校生が結集した高校生活を、田辺高校の卒業生小川真奈美さんに書いてもらった(前回掲載)。彼女は、南紀における部落問題の解決過程を、高校生活のなかで体験している。

2. 八鹿高校の教育とその後

八鹿高校の教育については、当時の生徒諸君や先生方の回顧でみてもらった。

卒業生有志は、事件に際して「八高のあの自由で自主的な校風」を「個性豊かな一人一人が育っていったことを思い出して下さい。これはみな、生徒と民主的な先生とが力を合わせてつくりあげて来たものです。」と呼びかけた。

私に「教育は育ち合う仕事だ」を実感させたのは、例えば三木裕和が、当時の八鹿高校の教師を「生徒に従順さを求める心性がまったくなかった」と述べているように、人間としての平等の関係が貫かれていたことにみる。

それは、坂上浩一が、「生徒の意見表明権を大切にすることから本物の教育は始まる。このことは八鹿高校の教育の原点でもあったと思う」と述べている教育実践にある。

それを教師の側から見ると、大阪高等裁判所で前川貫治が、原告を代表して「まず八鹿高校の運営が教職員間の徹底した民主的討論のなかで行われてきたこと、八鹿高校の教育が自由な生徒の活動を育てた結果、生徒の全人的な発達を保障してきたこと、教師たちが生徒の自由と自治を大切にし、それを育てる過程で、生徒と教師とが強い絆で結ばれるようになったこと」を挙げている。同感だ。

私は前川が、事件当時の教組分会長の橘先生の発言（「もし職業科がなければ、八鹿高校は普通の進学校になっていたのではないか」）を紹介していることに注目する。それは「総合制・地域制・男女共学」を、「高校三原則」とした民主教育の原点を生かしきった、八鹿高校の力量・集団の力である。

和歌山県の公選制教育委員会と教職員組合運動がタッグを組んで、「吾《あ》がらの教育」を生み出したことを紹介した。

高校部落研は、京都の蜷川民主府政のもと京都府高等学校同和教育研究会、京都府立高等学校教職員組合の協同が生み出した。

ところが兵庫県の状況は、真逆といっていいものだが、そうした中での兵庫県高等学校教職員組合のたたかいと活動は刮目《かつもく》に値する。

鈴木良は、同和対策事業について、自民党が革新勢力の分断のために「活用」したことを分析しているが、私もその教育版を書きとめておく。

1969年、文部省は「学校における同和教育（草案）」を通達した。ところが1970年7月に「社会教育における同和教育」をつけ加えて「同和問題と教育（案）」を通達し直した。前年のものは「同和教育と政治運動や社会運動の関係を明確に区別し」となっていたのに、何と、「社会運動」を削って、その関係を「容認」したのだ。そのもとで兵庫県教育委員会や大阪市教育委員会をはじめ、多くの地方教育委員会が解同との「連帯」「提携」を教育行政方針にかかげた。それがどういう結果を生み出したかは、八鹿高校事件に見るとおりだ。

だが、和歌山県教職員組合（和教組）の10年におよぶたたかいが、責善教育を守り通したように、八鹿高校の20年を超えるたたかいは、県教委が「高校三原則」を破って農業高校に分断し、悪辣《あくらつ》な人事を継続してきたにもかかわらず、八鹿高校はその伝統を守っていることを、事件9年後に赴任し、現在もこの地域で教師を続けている田中久典が、「高校文化」として紹介している。

結論として、八鹿高校事件の本質は、（部落問題における「反動」を利用して）国民のための教育の実践、すなわち日本教育の青春を押しつぶし、国家権力のための教育をゴリ押しすることにあった。

当時の兵庫県の「権力者達」がねらったものは、もっと矮小だったとしても、本質はそこにあったのだ。青春のまっただなかにある高校生活のなかにこそ、日本教育の青春が隠されているのではないか—。その実証が、当時の八鹿高校の高校生活であり、全県的には和歌山県の責善教育のもとでの小学校・中学校・高校の生活であり、全国的には高校部落研のそれだったと私は考えている。そうした国民的なとりくみのなかで、部落問題の解決も大きく前進したのだった。

3. 連載を企画して

「八鹿高校事件から半世紀」の連載企画は、2021年の正月に始まった。『東上高志の仕事』全3巻が完結し、それを関係者に送り終えてからのことだ。

八鹿高校事件のレポート4本を載せた第2巻を送った片山正敏さんから丁寧《ていねい》なお礼状と八鹿の名菓が送られてきた。その時にひらめいたのが「部落問題とは何だったのか」をレガシーの観点からまとめておくのが私の最後の仕事ではないか、それも八鹿高校事件を舞台に、というものだった。早速、元旦の朝に片山さんに手紙を書き、共編で「『八鹿高校事件から半世紀』をやりませんか」とラブレターを出した。しかし、八鹿高校事件で痛め尽くされた片山さんの体力は、それに応えられなかった。独力でやろう、と決意した。

部落問題研究所の機関誌『人権と部落問題』に、自伝といってもいい連載「ごった煮人生をふり返って」(2)を執筆していた畏友・成澤榮壽が、これまた高齢で体調を崩して連載を中断した。私は成澤に「自伝」を書くことを勧めたことを思い、その跡を埋めようと思いたち、温めていた「八鹿高校事件から半世紀」を連載することを『人権と部落問題』編集長の梅田修君に電話したのが、4月23日。京都大学大学院生の頃、部落問題研究所でアルバイトをしていた彼は、季刊『同和教育運動』の編集を手伝ってくれていたので、八鹿高校事件の重要性を知っていたから、「やってください」と即答してくれた。

それから、足が不自由で外出もできない、しかもインターネットが使えない私が、電話一本で編集・依頼したのが、この20回の連載だ。

　これは大変だったが、楽しい仕事でもあった。50年前には何回も八鹿に足を運んでいたが、すでに半世紀たっている。しかも、連載の中心を、当時の生徒の追憶と当時の教師の思い出で実現しようというのだ。私は、片山さんから40周年記念誌『今、あらためて八鹿高校事件の真相を世に問う』を送ってもらい、そこに出ている先生と生徒に的《まと》を絞って依頼することにした。

　だが、半世紀というのは、片山さんや成澤さんにみるように、特に、教師の場合は健康に日常を過ごしている人は多くない。何人かは亡くなっており、何人かは病床にあって、主旨は了とするが「書けない」と言われた。無理を言ってふさわしいと思われる方を紹介してもらった。そのくり返しのなかで、やっと教師4人、生徒6人の執筆が実現できた。

　それはまた、人ごとではなかった。91歳の私は、夏に体調を崩して、この仕事の完成が危ぶまれる状態だった。それでも踏ん張って、何とかモノにした。そしてそれは、私の同和教育実践の決算となった。

　思えば23歳で部落問題研究所に入り、その秋から執筆を始めた私も、今年93歳。部落問題研究所機関誌『部落』を中心にした70年にわたる執筆も、この企画で最後となる。

　この連載を片山先生と奥さん、68名の教師集団とそのご家族、そして1000名の生徒諸君に捧げて筆を置くことにする。

註

（1）50年経った今でも、女生徒たちが覚えている松下頼子さんの、高卒後2年目、19歳の時の講演は、1967年の第四回全国集会の報告として『青年の未来と部落問題』（部落問題研究所、1965年）に収録されている。感動的な講演は、テープに収録されて全国の高校で学習された。

（2）もう一本の「八鹿高校事件と同和教育の行方」は、後日『八鹿高校事件から半世紀』を刊行する日のために省いた。

追記　八鹿高校の卒業生の皆さん、「日本教育の青春」を生きた君たちだ。どうか、いい人生を全うして欲しい。そして50周年には、君たちの手によって、そのことを喜び合う集会が開催されることを期待している。

（とうじょう　たかし／部落問題研究所顧問）

八鹿高校事件から半世紀

第四章　日本教育の青春と同和教育

2月15日、激しく闘われた町長選挙は、暴力を許さない公正・民主の人、細川喜一郎氏が相手候補を破って当選した。逆流は本流に勝てない。
（兵庫県高等学校教職員組合八鹿高校分会・写真集『八木川　広く深き流れに』１９７７年より）

二二　ルポ　但馬に春が
―八鹿町に町長選・町議選をたずねる―

東上　高志

1．2月15日夜・八鹿町

１９７５年2月15日の八鹿町は、朝から粉雪が舞っていた。そのなかを町民は、新しい町長と町会議員を選ぶために、投票所へ急いだ。当日の有権者数８４５５人、投票率は92・30％に達した。

開票は、八鹿町民ホールでおこなわれた。ステージにしつらえられた開票所では、白票の町議選の開票に30人、赤票の町長選の開票に約10人の職員が取り組んでいた。

午後8時、開票をみまもる町民の数は４００人を超えていただろうか。こうした小さな町の開票にはめずらしく新聞記者席がつくられ、専用電話も5台ひかれていた。

8時20分、細川喜一郎と書かれている下にひととくり100票の束が置かれ、森本正三と書かれている下にもひとくくり100票の束が置かれていた。

そのときだった。開票をみまもる町民のあいだに、ざわめきが走ったのは。紙切れがまわされてくる。八鹿町の隣の養父町の新町長がひと足はやく決定したのだ。日本共産党員で「暴力のない公正、民主的な養父町をきずく会」推薦の朝倉宣征氏（前町議、33歳）が2720票で、前町会議長高階景藏氏（53歳）の2146票と現職の小野山浅夫氏（53歳）の1454票をやぶり、見事に新町長に決定したのである。

8時30分、細川、森本両候補の票の束が重ねられて、合わせて1000票ずつの得票である。37分1500票、44分2000票、51分2500票、55分3000票、9時に中間発表として、両候補とも3000票とアナウンスされる。

この直前から、今度は町会議員候補25名の名前の下に100票づつの束が、置かれ始めた。私の隣に座って開票を見守っている八鹿高校の教師たちの目は、八鹿高校のたたかいを支援し続けてきた日本共産党の2候補、橿忠和（30歳）・植木章（25歳）の両氏と、山本佐造氏の票に釘付けされている。山本佐造は「解同」（朝田派）南但地協の議長であり、11・22事件（八鹿高校事件を地元ではこう呼んでいる）の直接責任者として起訴されている男である。日本共産党の両候補に2束ずつの票が置かれる。5分後に橿候補にまた1束、300票で断然トップである。山本候補には、まだ1束もない。

町長選。9時3分、赤票が追加され、両候補とも3500票ずつになる。町民ホールを埋めた約800人の町民から、ため息が流れる。

そのときだった。細川候補に投げだすような調子で1束がおかれたのは。

「勝った！」

八鹿高校の田中先生が、押し殺したような声でそう叫ぶと、私の手をギュッとにぎった。兵庫高教組吉富委員長のはじけそうな笑顔。

9時4分、細川候補4000票、9時8分4500票、町民ホールのあちこちで大きな拍手がわきおこる。町議選の方は日本共産党の両候補とも400票、山本候補はまだ票がでていない。

私たちは町民ホールを出て、細川候補の事務所にむかうことにした。ロビーで片山先生の奥さんたち家族会の人びとにばったり出会う。教師と家族たちが、まだ抱き合って、勝利をかみしめている。出てくる言葉は、「うれしい」のひとこと。

そうだろう。

八鹿高校事件にひとつの結着がつけられるのが、この選挙であったのだから。

吉富委員長を先頭に、八鹿高校の教師と家族の一団は、町民ホールの外に出る。真っ白な雪。その雪のうえを、いまは誰はばかる者もなく躍りあがって喜ぶ、教師と家族たち。但馬の地底から、春がかえってきたのである。この人たちと多くの町民たちのたたかいによって。

町の通りを赤いセーターの娘がかけていく。商店街の店々に、再び灯がともり始める。それが、降りしきる雪をうつして美しい。

2. 政策協定

町長候補選びは、かなり難航した。八鹿高校の教師のなかにも、出馬をうながされた人もいた。

そうしたなかで、日本共産党、兵庫高教組但馬支部八鹿高分会、八鹿高校教職員家族会の三者と「明るい八鹿町づくりの会」有志が、「暴力のない公正・民主的な八鹿町政をつくる会」を結成し、細川候補とのあいだに、政策協定を結び、調印したのは2月6日のことだった。それから、今日の開票まで、わずか10日しかなかった。「政策協定」を全文かかげてみよう。

1. 暴力による自治体行政への介入に終止符をうち、暴力集団にたいする泳がせ政策、加担をやめさせます。
2. 差別をなくし、公正、民主的な同和行政を確立します。
3. 町民の教育要求をみたし、文化、スポーツの民主的発展をはかります。
4. 住民福祉の向上と住民本位の地域経済の発展をめざします。
5. 地方自治権を拡充し、民主的な地方行政をすすめます。

地方自治体はいうまでもなく、住民に密着した自治機関として、地域住民の生活と権利を守るため、国の官僚的支配や外部からのいかなる支配にも屈せず、その責務を果たすことが求められています。民主主義と地方自治にとって、暴力が最大の敵であることはいうまでもありません。

もしも、地方自治体が暴力やそれを背景とした脅迫に屈し、不公正な行政をおこなうなら、地域住民の利益は侵害され、地方自治も基盤自体がくずれてしまうでしょう。そして、玉川町政のように「解同」朝田・丸尾派の残虐な暴力に協力・加担するようなことは断じて許されません。

「解同」朝田・丸尾派によってひきおこされた八鹿高校教職員にたいする残虐な集団テロ事件（11月22日）を契機に、暴力をなくし明るい八鹿町をつくろうとする町民の声は大きくなり、「明るい八鹿町づくりの会」に結集し、積極的な活動が展開されています。

自民党政府のもとで地方自治体の危機がますます深まっているなかで、ここ数年来、地方政治革新の大波は文字どおり全国にひろがりました。革新自治体こそ、憲法に保障された地方自治を住民の手にとりもどし、住民本位の地方政治を実現しうる希望があるからです。

とくに八鹿町では、暴力と不公正をなくし、自由にものがいえる明るい民主町政を実現するか、それとも「解同」朝田・丸尾派のいいなりになる従来の町政を許すかという、もっとも重大な選択がかけられた、かつてない重要な選挙です。

「政策協定」の前文は、このように書かれている。いわば、今回の町長選をたたかうにあたっての町民へのアピールといっていいであろう。

3．これで但馬はかわります

この選挙を取材していた記者たちは、細川候補劣勢と読んでいた。

たしかに暴力を否定し、なんでもいえる町をつくろうという声なき声は八鹿の町にあふれていた。1月26日には、町民有志約4000人で「明るい八鹿町づくりの会」が結成され、「町の同和行政が特定の運動団体とあまりにもゆ着し過ぎている」という大会決議を採択したし、「個人に対する確認会、糾弾会などをなくすため、町行政の主体において人権委員会（仮称）を設けて教育的に処理する」要望も決議していた。ムードはあった。しかし、それがそのまま投票にまで結びつくとは言いきれなかった。

というのは、八鹿町は南但八町のなかでもとりわけ保守色の強い町である。

ここは、小島徹三代議士（自民党）と佐々木良作代議士（民社党）の強固な地盤とされていた。事実19

７２年12月の総選挙では、同町での両代議士の得票を合わせると総得票数の87・9％を占めていた。これにくらべ日本共産党の場合は、大躍進と言われ、安武ひろ子参議院議員を送り出した１９７４年7月の参議院選得票率でも8・6％にすぎなかった。政党のレベルでいえば88対9というのが、偽らない力関係だった。

その上、国政レベルの選挙とちがい、町長選挙は、もっと情実がからんでくる。これまでの例をいえば、ほとんど毎回、小島代議士の後援会組織「小島会」の推す候補と、佐々木代議士の後援会組織「良友会」の推す候補がぶつかりあって、地盤の拡張を競ってきた。この2つの後援会組織以外から町長を出すことなど、考えられないことであった。

今度の選挙では、この「宿敵」同士が手をにぎった。八鹿高校事件で、「八鹿高校差別教育糾弾共闘」の本部を町役場におき、積極的に暴力に加担した前町長をおろして、助役であった森本正三氏をかつぎだし、「町民党」を名乗らせ、「私は暴力に加担していないし、反対である」と叫ばせ、「暴力反対」で結集する町民をきりくずそうとした。

そして、終盤戦に入るや2つの後援会組織は「共産党に町政をわたすな」を合い言葉に、猛烈なまき返しをはかってきた。

戦況が混沌《こんとん》としてきたのは、この時期である。

しかし、2月11日の日本共産党不破書記局長の応援をはじめ、共産党の組織をあげてのとりくみと、八鹿高校分会、とりわけ八鹿高校教職員家族会、そして八鹿高校ＯＢ会の奮闘はすさまじかった。参議院議員安武ひろ子さんと兵高教組吉富委員長は、この期間但馬にはりついて応援した。

わずか10日間であったが、それは保守王国但馬の町民の意識をかえるほどの闘いであった。

しかしながら、町民の意識をかえたのは10日間の選挙戦だけではなかった。いやむしろ、八鹿高校事件以来の、八鹿高校教職員の不屈のたたかいと、立ちあがった生徒たちのあの素晴らしい行動、そして暴力におびえ、隣近所はおろか、親子の対話にさえお互いを警戒しなければならなかった八鹿町で、文字どおり体を張ってたたかった日本共産党の奮闘と、12月1日の大集会に象徴される暴力に反対し、民主主義を守ろうという全国民の有形無形の支援であった。はじめて、誰が生活と民主主義を守ってくれるのかを知った町民が、自ら立ちあがり自ら選択したのが、４６６７票対３５６２票という数字であった。

9時20分、京口公民館はつめかける人びとでいっぱいだった。

知っている人も初対面の人も、「夜があけましたなあ」「ほんまに夜明けですなあ」と喜びあっている姿が印象的だった。

真白いパンタロンスーツを着た安武ひろ子さんに、とりすがるようにして、60歳近い男の人が「ようしてくれましたなあ、八鹿町を。これで、ええ町になります」と、何回も何回もおじぎしている姿が、いまも目に焼きついている。

9時25分、新町長が姿をあらわす。

ゆるがすような拍手。ダルマに目が入れられる。

9時35分、勝利の集会が開始される。

守本健一事務長の勝利宣言。各団体を代表して喜びのあいさつが続く。

「明るい八鹿町づくりの会」有志を代表して植木先生が、家族会を代表して片山先生の奥さんが、兵高教組を代表して吉富委員長が、八鹿高分会を代表して政次分会長が、そして但馬有志連を代表して植田さんが、日本共産党を代表して中尾さんが、八鹿高校ＯＢ会を代表して植木君がよろこびの言葉をのべる。

最後に新町長の細川さんのお礼の言葉。私の勝利ではなく、暴力をゆるさない、勇気ある町民みんなの勝利であること、これから新しい八鹿の町をつくるため、からだを張ってとりくむ決意であること。いままではダンナさんしか町長になれなかったが、トタン屋根の家に住む私が町長になったことは町民が主人公になったことを物語っている。八鹿の町から暴力を一掃し不公正をなくし、自由にものが言える町にするため頑張りぬきたい。皆さんも23番議員になったつもりで、後押しをしてほしい。

最前列で片山先生と政次先生の奥さんが、目をつぶって、うなづきながら聞いている。

新町長のあいさつが終わり、拍手が鳴りやまぬのに、入り口の方から別の喚声がおこる。どちらも７００票以上をとり、第1位・第2位で新町議に当選した橿忠和氏、植木章氏がかけつけて来たのだ。山本佐造候補は１８５票しか取れず、最下位で落選したという報告とともに。外からみたら、おそらく祝賀会場の2階は、躍り上がるように見えたに違いない。

守本事務長の「八鹿の町長選でも勝ちました。養父の町長選でも勝ちました。町議選でも勝ちすぎるほど勝ちました。日本中の支援してくださった人たちに、これで但馬はかわります、ありがとうございました、と報告できる喜びを、いまじっとかみしめています。しかし、いまから本当のたたかいが始まります。新町長をもりたてて頑張りぬく決意をかため、今日をその出発の日にしようではありませんか」という最後のあいさつは、参加していた全員の気持ちをぴったり言い当てたものだった。

私は、部落解放同盟正常化兵庫県連出石《いずし》支部準備会の人たちとともに、このあいさつを聞き、祝いの酒をのんだ。

そうだ。

朝来事件以来の橋本さんを中心にした闘いが、部落のなかに「有志連」を生み、そして11月22日の八鹿高校の教師と生徒の不屈のたたかいが、兵庫県に３０００名の正常化県連の結成をうながしたのだ。

12月１日、あの大集会のなかで但馬の人びとが初めてみた正常化連の荊冠旗《けいかんき》が、兵庫の大地にしっかりと打ち立てられたのだ。

出石では、但馬のトップをきって、２月20日正常化連支部を結成し、２月26日〜27日東京で開催される正常化連の第四回全国代表者会議に参加するという。

外は雪、そのなかを片山先生のお宅にむかう。そこで今度の選挙をつうじて、婦人と青年が結束して闘いぬいたことを聞かせてもらう。婦人は、「解同」朝田・丸尾派の暴力から子どもと教育を守るために、青年は、明日の但馬の生活を築くために、全力をあげてとりくんだことを。

私はその話を聞きながら、但馬はかわる、但馬はいま本格的な歩みを歩みはじめた、と思わずにはおられなかった。

重ね合わせるようにして、政次先生から聞いた、投票日である今日の八鹿の町を、八鹿高校生たちが、トレパンに八鹿高校と書いた大きなゼッケンをつけて、マラソンをしていたという話を思い出す。雪のなかでマラソンなどあろうはずがない。これこそが、八鹿高校生たちの合法的な選挙活動であったのだ。

とっくに15日はすぎて、16日も明け方にきていた。八鹿の町には、春をいろどるぼた雪が、まだ降りつづいていた。

（『部落』１９７５年３月号）

（とうじょう　たかし／部落問題研究所顧問）

補章　八鹿高校事件と高校部落研

一　生徒と住民と私の証言

1　暴力反対・先生かえせ

八鹿高等学校三年四ホーム

河原に群衆が

今日の悲しい出来事は、一生忘れることが出来ないだろう。こんな出来事を、まだまだ一七歳という未熟な年齢で経験したことは、ある意味では幸せであり、またある意味ではあまりにも残酷なことである。

八・三〇―教室にいるとN君が入って来て「昨夜、執行部、その他一六人余りで考えた結果、何よりもまず、私たちがしなければならない事は解放研の人たちのハンガーストライキをやめさせることである、という結論に達した。もし、あの中で一人でも死者が出たら、それこそ取り返しがつかないからだ。だから生徒みんなで、先生に解放研の人たちと話し合いをしてくれるように頼むことになった」と、言われた。その時教室にはまだ一〇人ぐらいしか来ておらず、来る人来る人に、その事を伝えた。

「先生が解放研の人たちと話し合いをするという事は、解放研の出している『三つの要求』をのんでしまう事になる。それは絶対反対だ」と、反対する人もあれば、「命の方が大切だから、しかたない」と、賛成する人もあった。

九・〇〇―先生が入って来られた。

片側からは、先生側のビラが、片側からは執行部からのビラが配られた。「先生たちは、今日から年休をとることになりました。みんなは、すぐに下校しなさい」と、言われた先生の顔は、いつになく緊迫し、その中にどことなく寂しげな影があるのに気づいた。そして、先生の言われた「年休」が、随分、深い意味であるように思われた。

先生が来られる以前から、私たちの前に立って涙ながらに訴えていたY君が、「ほんなら、先生は、解放研の生徒をほって行ってしまうんか。解放研の生徒はどうなるんだ」と、先生に訴える。「それじゃあ、君は、どうしろというんだ」と、先生。一瞬、教室は、シーンと静まりかえった。

先生だって、断食している生徒を後にして学校を去るのは、私たち以上につらいに違いない。だけど、この学校を守るためには、そうしなければならなかった先生たち。そんなつらい気持ちを押さえて、真の解放のために、闘おうとされた先生たち。私はつくづく偉いなあと思う。そしてY君は、「もうぼくらは先生を信じられなくなったんだ」とも、言った。先生は、何も言わなかった。しかし先生にとって生徒からの、あの言葉ほど、悲しい言葉はないと思う。

私は泣いていた。何が悲しかったのか。こんな時こそ、固く信じ合って、手を取り合っていかねばならない先生と生徒が、今、目の前に、信じられなくなったという先生と生徒が立っている。

何よりもそのことが悲しかったのだ。そして、私たちをこんなふうにさせてしまった何かが憎かったのだ。私も昨日丸尾さんの話を聞いてから、全面的に先生を信じていいものかどうか迷っていた。しかし、「もし君たちが先生を信じてくれるなら、校門の外で校歌を歌ってくれ」と静かに言って、一人教室を出られた先生を見た時、私はもう迷っていなかった。先生を信じると決心したからだ。どうしてあの時「私は先生を信じています、頑張って下さい」と言えなかったのかと思うと悔やまれてならない。教頭の声で、生徒は全員第一体育館に集まるように放送があった。しかし私たちは集まらなかった。先生を裏切り、生徒を裏切った校長、教頭の命令を聞く必要などなかったからだ。

「おうい！　先生がつかまったぞ。第二体育館につれて行かれたぞ！」という叫び声が聞こえたのは、あの放送があって間もなくであった。私は友と手を握り合って、第二体育館の前に突進した。

私は見た！　梅井先生と日下先生が解同の人たちに両腕を取られてひきずられるように、第二体育館に連れて行かれるのを…。全く血の気を引き、しっかりと歯をくいしばっておられたあの先生の顔は、絶対に忘れられない。忘れられない！　私達は涙でのどをつまらせながら泣き叫んでいた。男子生徒は、解同の人たちに抗議していた。しかしそれは聞き入れてもらえるような、そんな人たちではなかった。先生を目の前にしていながら、何一つできなかった私達の力のなさを思い知りながら、教室に帰った。

しばらくすると、県教委二人と解同のひと一人が、教室に入ってこられた。いったい何が目的で来られたのかは、未だにわからないのだが…。

私達は県教委に質問した。訴えた。そして解同の人たちに暴力を認めてもらい、先生と生徒の安全を約束してもらった（文章によって）。その頃にはすでに一〜二年は全員下校していた。残っているのは四Hの教室にいる者だけであった。二列に並んで一斉に下校した。多分、私達が校門内に残っている最後の一般生徒だったと思う。私は学校を出たくなかった。だって、私達が帰ってしまえば、後は先生だけになってしまう。私達がいたとしても何の役にも立てないけれど，せめて、少しでも先生の近くにいて、先生の安全を祈っていたかったのだ。校内に一人の生徒もいなくなったということを知ったら先生はどんなに寂しいことだろうと思うと下校することに気がとがめた。しかし仕方がなかった。ならんで町の中を歩きながら、他の生徒はもう家に帰ってしまったのだろうか、これから八高がどうなるかわからないというのに、家に帰って落ち着いていられるだろうか、みんな薄情にも八高を先生を見捨てて帰ってしまったんだろうか、そんなことを考えながら歩いていた私の目に、河原に集まっている群衆が鮮やかに映った。それはまさしく八高生である。嬉しかった。私は群衆をみつめながら、これだけの者が心を一つにして集まれば何かができると確信した。そして一歩一歩しっかりと踏みしめて河原に向かった。

第二体育館の中で

とにかく当日の二体での出来事を目撃、体験した限りを言う。

私は当日、先生から「今日は、とにかく帰るように」と言われ、ややあっけにとられながら、階下に降りて数人と話しているうちに、校長から「体育館へ集まれ」と言う放送と、直後執行部の「行かなくてもよい」という放送を聞き、全校生がおどろいている時、やはり私も同じ状態で数人と集まっていました。少したって二年生の女子が本館の方から「先生がむちゃくちゃされとる！」とさけびながら、私達のいた本館へとびこんできました。

「どっ！」と本館にいた生徒がそちらの方へ、おしよせました。私はむしろその中でみんなに「行くな！」とさけんでいましたが、あの暴力のあった第二体育館（旧館）の前に来て、その声を止め、「解同」が数百人集まってその体育館のまわりを囲み「生徒は入れるな！　生徒を入れるな！」とハンドマイクやらで生徒の侵入を防いでいました。私はややぼうぜんとした感じで二体に近づき、何気なく中へ入って行こうとしました。するとK先生が髪をひっぱられ、服も破られ、けられながら数人の「解同」にこずかれ、二体の中へつれこまれてゆきました。私はそのむごたらしさに腹が立つより、ただ恐しかった。

しかし反面いったい先生は中で何をされているのだろうかと、その心配だけで二体の中へ一人で入って行きました。中にいた解同の人は、五〇人余りで意外に少なく、先生は体育館の中央より後よりにずらりと横に並べられ、数人の「解同」の人が先生をこずいていました。しかしすでに先生の服はぼろぼろにされ、赤くはれ上がった顔の先生や、もうぐったりきている先生がほとんどでした。私は入るなり「何やお前は！　何か用か！」と数人の「解同」の人に、とり囲まれ「かまへん、やっちまえ！　こいつは部落研の一人だ」（私は部落研ではない）と髪をひっぱられ、足をひっぱられ、先生の並べられている後にあったマットの上になぐりたおされ、数十分にわたってけられたり、髪をもってもち上げられたり、とにかくどういう意味で私がこんな目にあわなければならないのか？　先生にこんなことをしなくてはならないのか？　と考えつつただけられていました。そのうちに並べられていた先生のうちの一人H先生が「生徒には何もしないでくれ」と言ってくれ、今度はそのH先生にむけてむなぐらをつかんで、なぐったり大声でさけんだり、けることももちろん私からそちらの方へ向けられました。「なぜこんなことをしなくてはならないのか！」と一言いってその場をどうにかのがれました。しかしすぐ後を追って来て一度つかまえられ、またなぐられそうになりましたが、友達にたすけてもらい、どうにかその場からものがれました。しかしその後、警察にいったものの何の対策もなされず―といった風でした。その後、河原での生徒集会も行なわれましたが、どうして私達がこのような目にあわなければならないのでしょうか？　どんな差別教育がなされたというのですか？
どんな事情であれ暴力はゆるされないものです。そしてそんな暴力をみとめた校長、教頭、県教委もゆるすことはできません。

丸尾さんが憎い

一一月二二日―この怒りを今ここに文章としてぶつける事は、私にとってずい分困難な事なんです。でも読んで下さる人の巧みな把握力を期して思うままに書いてみたいと思います。最初に言っておきたい事は、私は何も「民青」でもなければ「共産党」でもないということです。あくまで〝暴力反対！〟を叫ぶ八高の一生徒の声として聞いて下さい。

二二日の前日、つまり二一日の放課後、私達八高生の大多数は数時間にわたって丸尾さんの話をきいたのです。丸尾さんの雄弁は、ある面で私を感動させまた信頼感をもたせるものだったのです。私はハッキリと聞いたのです。丸尾さんの口から「確認会、糾弾会に暴力は絶対にありえない」と…。

ところが事件が起こった当日―二二日、明らかに暴力は行なわれた―明らかに暴力が行なわれたことは、この日の様子からして直接その現場を見なかった私でさえ判断のつくものだったのです。目撃した何人かの生徒や食堂のおばさんが「先生が殺される」「先生が血だらけや…」と泣き叫びその声に動かされて様子を見に行こうと教室を出たほとんどの生徒も皆泣きながら、帰って来たのです。解同の人たちに追い返されたのです。そうして私はその時窓から見たのです。校内を出ようとした先生達が解同の人達に追いかけられるのを…。

この時、丸尾さんにはハッキリと裏切られたのだ…。

私は丸尾さんが憎かった…。

もう信じられなかった…。

信じられるのは生徒同士だけだ…。

校長も教頭も人間じゃない…やられている先生を目の前にして逃げ出した校長…血だらけの先生を平気で見つめチェックしたという教頭…許せない…。

校長は言われた。「確認会、糾弾会はあくまで学習の場である」と…あれが本当に学習の場と言えるんだろうか…私は決してそうだとは思えない。もし仮にあれが学習の場であるとするならなぜ私達生徒をその学習の場に入れなかったのでしょう…教頭の声でこんな放送があったのです。「校長命令です。生徒の皆さんはただちに第一体育館に入るように」という内容のものでした。私達生徒は執行部のもとに、それには従わなかったのです。今や校長・教頭を信じる事は明らかに不可能だったから。もしこの時、私達生徒全員が第一体育館に入っていたら暴力を目撃する事もなかったでしょう。解同及び校長・教頭は現時点においても暴力を認めないでいるが、あれが暴力でなくて何なのか…「もみあい？　トラブル？」そんな言葉は聞きたくない。八高は私達の学校です。外部団体の人々がわがもの顔で校内に土足で入りこみ解放旗までたてられ、私達は用があっても職員室へ入れるような状態じゃなかった…こんな風にしたのは校長と教頭の責任が大きいと思う。校長が責任をもって校内をとりしまっていたら、そして教頭が私達のアンケートを盗んだりしなかったら、ここまで事態は大きくならなかったでしょう。いろんな新聞で〝八高事件〟はとりあげられているけれど、どれもこれも重要な部分が省かれていた。ただ「赤旗」と「民青」の新聞においては、少なくとも嘘は書かれていなかったと思う。もう私達が受けてきた同和教育が本当に差別教育だとしたら、二二日に全校生に近い約千人もの生徒が河原に集まりはしなかっただろうし、私達生徒が純粋に、〝暴力反対〟を叫ぶこともなかったでしょう。私達の一つとなった意志を、機動隊に前をふさがれたことでうち砕かれた事は、今思い出してみてもくやしくてなりません。部落解放は差別の実体を見つめていかなければ真の解放にはつながらないと思うけど、暴力では同和教育も進むべき道を見失うばかりだ。暴力への責任追及とともに、民主的な同和教育を考えるのが、今後の私達の課題なのかもしれない…。

解放につながるのか

日本のような法治国家において白昼堂々と暴力が行なわれた。しかもその上、わが校の校長、教頭、さらに県教委までが手を貸し、当然それを取り締まるべき警察は全く見て見ぬふりをしていた。このような行為がいかなる理由によっても許されるべきであろうか。私達は決して許すことはできない！　彼ら（解同）は〝差別こそ最大の暴力だ〟と言う。長い間不当な差別に苦しみ、それによって自ら命を断つ人も現実にいることを考えれば、彼らがそう言うのは当然であり、私達もそれはよく理解する。しかしだからといって、そのような暴力の前には今度のような暴力事件が正当化されることが許されるだろうか？　このような疑問をいだかずにはおられない。

あのようないまわしい事件がおこる前、私達生徒は、少なくとも私達のクラスは、解放研につこうという考えもなければ、先生方の味方をしようという考えもなかった。解放研の生徒が座り込みをしている最中、数々のビラが配られて、隅から隅まで読んだ。先生方からも数枚配られた。担任の先生は朝のホームルームで、「僕はもう何も言わない。君たちは高校生だ。一人一人で判断するように」と、言われた。しかしはっきりいって私には判断することはできなかった。双方の意見は私達にはビラによって報道されていたが、それによって、どちらが正しくてどちらが間違っているか判断することは到底できなかった。ただ、私達と同じ八鹿高校の生徒が連日座り込みをして訴えている姿を目の当たりに見、またハンストまで行なおうとしていることを考えて、何とかしなければいけない、というあせりといらだちみたいなものが一様にあった。

毎朝、校門の前に解同の車が止められ、校内にはちまきとゼッケンをつけた顔も知らない人々が歩き回りどなり声をあげて、解放旗までが据えつけられ、日増しにエスカレートしていて異常な雰囲気の中で授業は行なわれても打ち込めるはずもなく、何度かホームルームをもち話し合った。これまで直接聞くことがなかった解放研の人達の意見が聞きたくて、教室に呼んで話し合いもした。丸尾議長の話も聞いた。その人達は一様に、自分達が現実にうけている差別の苦しみを訴えた。私たちは部落民ではない以上、差別の本当の苦しみを身をもって理解することができないまでも事態の重大さは、同じ人間である以上、十分に理解できる。しかし私にはもう一歩踏み込めないものがあった。部落差別は現実にある。決して許されることではない。それをなくすために立ち上がることは当然の権利だ。しかしそのための最善の策がこれだろうか。

確認会、糾弾会、このような事件が起こるまでも私達の身近なところで盛んに行なわれていた。実際に見たことがないので実態はよく知らないが、差別性があると見られる人を囲んでまわりから徹底的に糾弾し、その人が差別性があると認めるまで何時間も続ける。中には大声でどなりたてられて耳の鼓膜が破れたとか失神した人があるとか、聞く。

解放研が認められた学校では、先生の言葉尻をとらえては何でもないことまで差別として糾弾していくそうだ。これらの事がすべて本当かどうか私は知らないが、このようなことが言われることには確かにこれまでもそのやり方に疑問をもっていた。しかし今度の事件で、解同への疑問は決定的なものになり、怒りさえこみあげてくる。丸尾氏はつい昨日、暴力はふるわないと誓ったではないか！　その言葉が不安な私たちの心を少しでもやすらげてくれた矢先、その言葉への信頼感もさめきらないうちに…。

私たちは裏切られた‼　目の前でひきづられていく先生を見て、部落の人に何と非難されても泣いて叫ぶより仕方がなかった。大きな男の子までが泣いて訴えていた、〝やめてくれ〟。

これが解放同盟のやり方なのか、これが部落の完全解放につながるのか、暴力に抗議して立ち上がろうとした私たちの精一杯の権利もおさえつけられた。暴力に抗議することが解放運動のさまたげになるのだとしたら、解放運動っていったい何なのだ。一般の新聞は「もみ合いがあった」「衝突があった」「トラブルがあった」としか書かない。向こうの不利になるようなことは一切書かない。

校長は、中では正常な話し合いが行なわれているとして警察を中に入れようとしなかった。警察は私たちの訴えを聞きながら、ただ待機しているだけだった。

一部の心ある報道によってしだいに真実が浮き彫りにされてくるにつれて怒りがこみあげてくる。これが解放運動なのか！

私たちの心の中には取り返しのつかないものが巣くってしまった。私たちは差別教育を受けてきたなんて決して思わない。また、そんなはずもない。それが差別だと言われたら、私たちはいったいどうすればいいのだ。
私たちは日共とは何の関係もないが、このようなやり方には断固反対する。

私の母校は八鹿高校です

一一月二二日の事を思い出すたびに、もう二度とあんな思いはしたくないと痛感しています。あの日のことでいろんなデマがとんでいるようです。でも少なくとも私たち八高生は、真実を言うことのできる人間の中にはいっていると思います。あの日、先生が、H・Rで「これから年休をとるから、生徒も下校するように」と言われましたが、「先生がやられている」という声を聞いたのは、そのすぐあとでした。私は、友達にささえられて泣いていました。私のクラスメートも「止めにはいって、くってかかられた」と言っていました。私たちが集団で学校を出たのは、おそらく最後だったと思います。それから川原の集会に参加したわけです。何度もスクラムを組んでデモに出ようとしました。教頭が言いました。「これ以上混乱をまねきたくない」と…。けど私たちは、あの時、本当に純粋な気もちで「暴力反対」を訴えていたのです。私は、少々のけがをしても、先生の苦しみにくらべれば何でもない、とさえ思いました。母がコートをもって来てくれました。朝からのくもり空からシトシトと雨が降って来ました。でも私はそのコートをうけ取る気持ちになれませんでした。「川原に集まった生徒のみんなが、寒い思いをしている。まして、先生は裸にされ水をかけられている」と思ったから…。それから先生が出てこられた日まで、私は校長も教頭も信じませんでした。ただあの時「暴力反対」と訴えた仲間しか信じられなかったのです。私は、政治に関する知識はまったくといっていいほどもっていません。だからむずかしいことはわからないのです。けれど、絶対に差別はいけないし、同じ人間として生まれて来た以上、なんの根きょもないことで、一部分の人たちが苦しむのは許せません。でも暴力はひれつです。暴力で真の解放ができるのか？　と疑問に思います。いくら目標がりっぱな事でも、その目標を達成するまでの過程がまちがっていたなら、その目標もだめになってしまうと思います。

今度の事件で、校長も教頭も、まして警察や県教委までも、私たちの純粋な「暴力反対」「先生をかえせ」という訴えを聞いてはくれませんでした。人間はいくら教養をつみ一般で言う「えらい人」になっても、正しいことを正しい、悪いことを悪いと言えなくなると魅力はないんだなあ、とつくづく思いました。これから私が大学を出、社会に出て一個の労働者となっても「悪いことはあくまでも悪い」と主張できる人間の最大の魅力だけは、大切にしていきたい。まして、何人かの上に立つ人間なら…。あの日の夜、ねむれませんでした。夜中にうとうとしかけると担任の先生の「助けてくれ」という声が聞こえてくるんです。一一月二二日の涙を一生忘れはしません。あのような暴力を平然と許した人々の人間性をうたがいます。そして前にもまして部落差別をにくみます。あと二か月もするとこの八鹿高校を卒業します。そのあと、どこでどんなくらしをするのかはわかりませんが、どこで誰に聞かれても「私の母校は八鹿高校です。そしてそこの先生方は、信念をつらぬき通すことの大切さを身をもって教えてくれた、すばらしい先生方です」と胸をはって答えたい、と思っています。

私は八鹿高生です！
私は八鹿高生であることをほこりに思っています。

2　拝啓　永井文部大臣様

朝来町一婦人

拝啓

永井文部大臣様、一国の大臣に書状をもって訴えるなど思いもよりませず、生まれてはじめてのこととて、ことば使いも存じませずまことに失礼でございますが、あしからずお許し下さいませ。私は南但馬の朝来町住民の一人で此の度ほど政治のもたらす影響の大きさを身をもって感じたことはありません。よくインタビューなどで「政治に関心がない」とか「選挙なんておよそ興味がない」という町の若者の声を聞きますが、そういった無責任な放言が出来るのは、その人たちが個人の自由を犯されていない幸せな人だからなのでしょう。昨年（昭和四十九年）の九月から町行政や解放同盟（朝田・丸尾派のこと―以下同じ）の圧力が大きく私たちの上にのしかかってきました。あれから半年ですが、恐怖と不安で暗黒の日々の長さ、法治国日本にこのような日々があろうとは。あの戦争中の体験の方が、隣人同士信じ合い励ましあって、国と運命を共にする清々しさがどんな欠乏にも耐えられ、心は決して苦しくありませんでした。

一月三十一日の国会で文部大臣がどのように御答弁下さるか息を呑んで家族がテレビに集中しました。今度こそ坂井知事や県教委をただして、大臣が具体的な所信表明をして下さるものと祈りをこめて期待しましたが、暴力に加担しているという報告はうけていないとおっしゃったのには驚きがっくりしました。何と悠長に構えていらっしゃることか、但馬地方の人間は正常な御判断を待ち望んでいますのに、そして事件以来七十日も経っていますのに、いまだに病床に呻吟している先生があるというのに、情け容赦なく解同の蛮行は嵐のように吹き荒れているというのに、良心的な教師が苦悩の日々を送っているというのに、どうして一刻も早く調査して下さらないのか、と嘆かずにおれませんでした。

大臣はやはり雲の上のお人か。解同や町行政に毎日何らかの形でしめつけられ圧迫されながら、町民はそれでも三十一日にはお互いに電話で知らせ合って、三十一日のテレビ放送に期待をかけましたが空しく終わりました。やっぱりこんな遠い田舎町、出来事など問題にしていただけないのかと嘆息しました。

坂井知事は朝来町の橋本哲朗先生包囲事件の最中、しあわせをひろげるとかのスローガンで選挙カーを乗り入れ、町民の困難な事態をも顧みようとせず通りすぎました。私は思いました。この不幸な状態を見きわめもせず、町民の心も汲まないで、何が我々の知事さんか、私は表にとびだして手をひろげ訴えたい、私一人の生命で町民が救われるなら命など惜しくはない、知事さん助けて下さい、朝来町をと。

その頃です。駅前で橋本先生支援のビラをもってきた学生の人たちが、車を降りたとたんに、解同が待っていたように車で追っかけてきて、一瞬のうちに十人からの学生の人たちをビール瓶や角材で追っかけてきてメチャメチャにたたきつけて血まみれにされたのでした。見ていた駅前の人や汽車の客が、三度も警察に電話しましたが来てくれず、救急車は私が電話しましたが「同盟の人がけがをしたのですか」と問い返したきり、学生の人であったためか、遂に来てくれませんでした。怖ろしいことでした。町民はもう警察は解同の味方だと思うと、無法地帯におかれたようでたよれるものは何もない。共産党の人たちは、自動車はこわされる、あちらでやられた、こちらで連れていかれたの噂で戦々恐々でした。

私たちの町は保守王国と呼ばれています。小島徹三氏（自民党衆議院議員）、佐々木良作氏（民社党衆議院議員）の地元です。秘書を通じて申し入れてもらいましたが、誰方も帰ってきては下さいませんでした。私たちが五選とも支援した藤井県議（自民党）も電話でお願いしてもらいましたが、朝来郡山東町の自宅に帰られても、ついに一度も朝来町に顔を見せては下さいませんでした。

隣の和田山町の共産党の町議が真先に救出にのりこんで下さって、木下代議士を呼んで下さったようなことです。この和田山町会議員は三度も解同の暴力で傷つき入院されました。お家も二回襲撃されて破壊されました。南北の但馬一円十八町を屈服させた解同は、大動員をかけ自治労、教職員、育友会、婦人会、消防団、解放研生徒、青年行動隊、解同県連とか毎日何百人、何千人と動員、十月二十日の夜から二十六日まで橋本先生宅を包囲怒号しつづけました。赤いゼッケン鉢巻の人と車の渦で、国道に延々とつづいたそうです。私は家の前の長い行列を見てこの世も終わりかと思いました。申し上げたいことばかり、きいて頂きたいことばかりで一日中かけても尽きないと思いますので、この辺で学校のことを、あと先になりますが述べさせていただきます。

八鹿高校事件の重傷者、高本先生の奥さんが町内の中川幼稚園に勤務しておられますが、何とか主人の高本先生の体質を変えるために、奥さんを「確認・糾弾」しなければと、町職・解同・育友会長が相談し、奥さんを色々な名目で学校に残そうとしたり、町職の学習会の名で役場に呼びだしをするので身の危険を感じ、年休を取ったり早退けをしたりしてかわしておられましたが、とうとう二月に入ってから呼び出しがきびしいので休んでおられます。それも御主人がまだ複雑骨折の腰が痛むので二月三日神戸の病院へ行かれました。奥さんも神経衰弱で医者が静養をすすめたそうです。いまだに朝来町内の山口小、中川小、朝来中と話し合いとか確認会がつづけられているのです。先生はビクビク者です。朝来中は太幸教頭が指揮をとり「非常識でこそ真の部落解放があるのだ」といい、立ち上がった生徒の行動に学ぶのだと父兄の前で言明されました。

そして八千人の町民より八百人の部落の人の方が大切だともいいました。

先生は生徒に学び、生徒に仕え、生徒の自転車をのり捨てたままのを先生が自転車置場に整理したとき外にあったのを一台見落としたため、差別者だと糾弾を受けたそうです。最近こそつばを吐きかけられないが、今までの糾弾にはベトベトにつばを吐きかけられたそうです。

先生が今日は何々のテストをすると言っても、今日はやめだと生徒が言えばそれで中止となる。運動会のプログラムも生徒の思うままで、各学年の徒歩競争も一位、二位、三位と順位がつくのは差別だと言うことで、去年の秋の運動会から取りやめ、廃止されたそうです。菊の花が咲いた、一つ、二つ、三つ、四つ、この四つが差別語だと言うそうで、何一つ言うにも気を配らねばなりません。中学生も喫煙する盗みをする。それだけではなく、文房具やその他、色色、中学生が小学生をそそのかしてやらせることもあるときいています。生徒は先生に対して、先公とか先生の阿呆とか平気で言い、先生も決してとがめない。注意したら地区の者を差別すると怒り、とっちめられて糾弾された先生があります。先生に何かがあると授業そっちのけにして先生をとり囲み、糾弾会は夜までつづく。生徒の食事は行政があてがうそうです。

先だって町会で、補正予算の質問で追及されて、古川教育長が認めざるを得なかったことは、朝来中学解放研生徒は、丸尾良昭不当逮捕の抗議に神戸の検察庁に、九回動員引率して行ったこと。その時のバス代、九回分百余万円、食事代が百余万円、追及した議員は、同和予算に今までただ一人反対意見を言ったため、三回確認、糾弾をうけ入院していた人です。今回に限って町民有志が十五、六名町議会傍聴に行ったため、この追及が出来たのだと言っております。

町職や教師は神戸に抗議動員、町内宣伝活動（解放車にのる）、ビラ配りなど、二月末日まで、動員日程の割り当てと名前が書いて渡されています。私は現場を見ました。それから、朝来町・生野町の小、中学校教師は、抗議のハガキを今も書かされています。住所は正確に名前は架空のものでよく何枚でも書けとハガキが配られるそうです。

私の知り合いの者が町内小学校に勤務し六年生を受け持っていますが、他の学級の担任は、毎朝シュプレヒコールをやり、解放車が通るたびに「よく聞いておけ。そしてその内容をしっかりつかめ」と言われるが、自分たちの先生は「大人の真似はしなくてもいい。外の方に気をとられずに勉強するんだ」と言うから、先生は差別者だと言って、うちのお父ちゃんに言ってやろうか、確認してやろうかなど言うそうです。橋本事件に根こそぎ大動員があって、親兄弟が毎日自動車の上で叫び、夜通し怒号や罵声をふりまく。その影響を、子供たちが受けるのは当然のことと思います。

部落外の子供は、勉強が出来ればいじめられ、授業時間に手を挙げれば意地悪をされるので、親たちが「何も言うな。こらえておれ」と言いきかすと、子供はますます物を言わなくなり、明るさを失ってしまったと言うことです。部落の子が悪いことをすると、それに従わないと怒られるので、同じように感化され、それを口に出すとどんな目に逢うか分からないのです。部落の子は思いのままに振舞い自制と言うことを知らぬ人間に育つでしょう。たしなめようとすれば差別者扱いされます。

八鹿高校朝来分校の先生も生徒も早くから八鹿高校解放研の応援に行っていたそうですが、山根という先生がリンチに加担して、八鹿高校の先生（いわば同僚ですのに）を蹴りあげたと、真相報告会に被害者の先生が名前をだしてはっきりおっしゃってました。生徒は生徒でリンチに参加して「八鹿高校へ行ったときは面白かった。女の先生を裸にしたし水をかけてやった」と誰はばからずうそぶいていたと、分校近くの店屋の主人があきれかえって、何と教育もここまで落ちたかと嘆いていたと聞きました。その店もはっきり分かっています。

文部大臣は教育の中立性をおっしゃっていますのに、学校へは何時も町の助役や自治労委員長や解同行動隊などが出入りし、教師や育友会のしめつけをやっておりますのを何とかやめさせて下さいませんか。教師はたえず圧力をかけられ、学校教育の自主性を失ない、楽しさをも張り合いをも失っています。学園というものは楽しく明るい希望のふくらみをもったものであると思います。朝来中では共産党の車が通るたび、授業時間中でも、教室の外にでて〝日共帰れ〟〝赤イヌかえれ〟〝日共粉砕〟と叫ぶのだそうです。それを制止する先生はいないのです。これはどういうことでしょうか。町職員までが共産党の車を妨害して国道に寝そべる仕末で、子供たちへの影響はどうなるのでしょう。この町職が近頃はオルグと言って宣伝カーに乗り部落解放を連呼しています。自分の意志に反する者をすべて差別者といい、糾弾し、どんな些細なことも許さぬ彼らのその子供達が、同じ轍を踏むとしましたら、日本の将来はどうなることかと思います。社会悪にまみれて人間の心を失ってしまうのではないでしょうか。

永井文部大臣様、部落解放は大切に相違ありませんが、なぜ暴力は暴力として認め、教育への不当介入を取りしまっていただけないのでしょうか。政府もマスコミも但馬地方の解同の問題を、共産党と解同の争いのように扱われてしまいますが、それが残念です。困っているのは但馬地方の住民です。ここは保守王国となっています。でも最近では誰もが「赤旗」を救いの手のように思えて走り出て買います。一般の新聞はひとつとして私たちの真実を報道してはくれません。丸尾などに媚びるような敬称までつかいます。警察はあっても無いのと一緒です。映画や小説に見た水戸黄門のような人が現れないものかと、そんな子供じみた考えをもつこともあります。県知事や県教委などは本当に悪代官のような存在です。

永井文部大臣様、水戸黄門のようにお忍びで現地調査に来ていただけませんでしょうか。まだ分別もつかぬ小学校一年生や二年生の子に〝狭山差別裁判〟とか、〝石川青年は無罪だ〟とか歌でもうたわせるように、口こみで教えて言わせるなんて、私は納得いきません。共産党と解同の争いと見てしまわずに、党利党略を離れて、正常な教育に立ち返るよう御英断を御願い致します。一番の犠牲者は生徒と教師と町民です。私たち以上に毎日悶々と自分を見失うまいと努めている教師がたを救ってあげて下さい。確認や糾弾の恐怖を取り除いてあげて下さい。身体の安全を保障してやって下さい。どうぞ御願い致します。

政府が解同を正して下さらないと、益々差別は深く潜行するのではないでしょうか。昔の支配がつくった差別が、今但馬の住民をこれ程苦しめて無法な暴行を思いのままにさせることになろうとは、おそろしいことです。私は憎み合うようになることをおそれます。同じ人間でありながら差別を受けた人たちの怒りやかなしみは分りますが、こういうことはもう程々にして欲しいと思います。八鹿高校事件以来、県知事も教育委員会の御偉方も校長も町長も尊敬出来なくなってしまいました。町民はその上、警察まで信頼出来ず、今はただ国の最高の地位にいらっしゃる大臣に臆面もなく以上のような訴えをしなければならなくなりました。

結局、この書状はとりとめもないものになりましたが、あまりにも事が多すぎて頭に浮かんでくることをまとめかねました。どうか但馬の住民と子どもたちとそして教師を救って下さい。安心して生活が出来ますように御願いでございます。

かしこ

二月五日

永井文部大臣様

3　私と八鹿高校

東上　高志

一九七四年一一月二二日午後二時ごろだったろうか。但馬の友人から私の研究所に電話がはいった。それが、八鹿高校事件の第一報だった。

翌二三日の「赤旗」は、この事件を大きく報道した。

日を送って事件の内容が詳しく報道されるようになり、負傷された先生方の氏名も明らかにされていった。

私はそれをみながら、泣けて泣けて、しかたがなかった。

片山さんが、橘さんが、張本さんが、田中さんが、太田垣さんが、目に浮かぶのである。

一九七〇（昭和四五）年五月から、毎月一回、一年間にわたって、私は八鹿高校の教職員の学習会に行った。その前からこの先生たちは、私が行っていた未解放部落の学習会に参加してくれていた。真面目な、熱心な、いい教師たちだった。

八鹿高校は、兵庫県における同和教育運動の先進校である。いわゆる先進校といわれる他の学校と違うところは、同和教育で有名になった教師がいるのではなく、兵庫県高等学校教職員組合（兵庫高教組）但馬支部八鹿高校分会の組織が、教職員の集団が、同和教育を一丸となって推進していることである。

ここには「八鹿憲法」と呼ばれる、校務を民主的に運営する規定がつくり出されている。まず、どこの高校でも校長の権限にぞくしていた、予算編成権・人事権・会計監査権などを、全教職員で公選する「評議員会」（七名ないし五名）に属させ、八鹿高校の教職員全体の意向が正しく、民主的に反映されるようにしている。つぎに、教頭をはじめ、教務主任、生徒指導主任などの、すべての校務役員を公選とし、しかも三年以上の重任を禁止することによって、相互批判による指導体制の刷新を保障している。さらに、職員会議を最高議決機関として権威を確立し、八鹿高校の全教職員（教諭、実習助手、事務職員、校務員など）を平等な構成員として、文字どおり全校の団結の基礎としている。そして、担任・クラブ顧問など校務分掌の決定は、全職員の立候補（希望）にもとづき、評議員会が原案をつくり、職員会議で決定するなど、すべての教師の教育要求を正しく組織する方向できめられている。

こうした民主的な教師集団が、誠実につみあげてきたのが、八鹿高校の同和教育であった。

この教師たちを、「部落解放同盟」という、日本の民主団体のなかでも、もっとも輝かしい歴史と伝統をもった組織の名前において糾弾し、日本の教育史上かつてない集団リンチが加えられる、そのことが、八鹿高校の教師と、八鹿高校の民主教育と、同時に部落解放運動にとって、どんなにつらい、悲しいことであるか、それを思うと泣けて泣けて、しかたがなかった。

しかも彼らは、いや蛮行をおこなった特定の集団だけでなく、県教委もふくめて、八鹿高校は差別教育を行なっていたから糾弾されるのだと言う。

だがこの詭弁は、八鹿高校一〇〇〇名の生徒諸君が、あの日の、自らの行動でうちくだいてくれた。

冷たい雨の河原に集まった一〇〇〇名の生徒は、まなじりを決して暴力集団と対峙した。学校当局や南但馬の町長達がきりくずしを策し、機動隊が威圧するなかを、一歩もたじろがずに、「暴力反対、先生返せ」と対峙した。

これは、先生が可哀そうだから、ということで出来る行動ではない。あの素晴らしい八鹿高校の民主教育を暴力でもって破壊しようとするものにたいする、全生徒の全身全霊でもっての抗議の姿であった。

いま文部大臣になった永井道雄氏が、「勤務評定を評定する」（同氏『文部省と日教組』）という文章のなかで、評定（ひょうてい）という日本語のよみはない、これは衆が集まって評定（ひょうじょう）することだ、と書いている。権力が評定するのではなく、それを受けている大衆が評定（ひょうじょう）するのが真の評価である、ということであった。私もそう思う。

そうだとすれば、審判は明らかであろう。

「兵庫方式」という高校入試の制度でいためつけられ、大学入試に頭を悩ませ、三無主義・四無主義といわれる高校生が、朝から昼食もとらずに、あの雨のなかを頑張りぬいたのは、一〇〇〇名の生徒が頑張りぬいたのは、八鹿高校の教育が、まさしく民主教育として貫徹していたからにちがいない。もし、反対者が言うように、八鹿高校で差別教育が行なわれていたとしたら、一部の生徒ならいざしらず、こんな大衆的な生徒の行動はおこるはずがないからである。

本書を編むにあたって、序章に生徒たちの証言をもってきたのは、この生徒たちこそ、この事件を語る、もっともふさわしい人びとである、と考えたからにほかならない。

生徒の証言はかなり出されている。とくに『八高11・22その日』第一集・第二集は、八鹿高校事件を訴えるうえで随分大きな役割を果たした。

私は、ひろく読まれている第一集・第二集をさけて、あの日、いちばんおそくまで学校に残り、それだけに集団リンチの状況をもっともくわしく見ており、さらに、クラスとして一番早く文集をだした三年四ホームの「訴え―一人でも多くの人に―」（一二月六日発行、ガリ刷り三二頁）から文章を載せさせてもらうことにした。

この文章には「我々は、一党一派に属する事なく、あくまで、八高自治会綱領に基づいて、外部団体による不当な暴力と教育への不当な侵害、学園自治への威嚇などに断乎抗議し、追及し続ける事を決議した。その一環として我々のクラスで文集を作り、少しでも多くの人々へ、この事件の事実・現状を訴え、良識・良心ある人々の判断を請うものである。なお、資金不足、手仕事のため、不手ぎわも見られると思いますが、お許し下さい」と「前書き」で書かれている。

八鹿高校事件の真実は、なによりもこの高校生たちが、正しく、いちずに証言しているのである。

次に、八鹿高校事件を頂点とする彼らの蛮行を明らかにするためには、朝来事件こそ最重視しなければならない、と私は考えている。但馬でおこっている一年以上にわたる蛮行の発震地であり、基地であり、その原型をつくっているのは朝来町である。そして、いまもなお、彼らの蛮行が続けられているのもまた、朝来町である。

その朝来町の住民の率直な「声」を、この書物にぜひ反映したいと念願した。たまたま一九七五年二月六日、太田垣敏雄氏を団長とする「明るい八鹿町づくりの会」の代表団二二名が上京し、文部省当局をはじめ、各政党に陳情することになった。そのとき、朝来町の一婦人が、代表団の上京を聞き、永井文部大臣にあてた「手紙」を徹夜して書きあげ、出発するバスにようやくことづけたことを聞いた。その手紙の写しが「拝啓　永井文部大臣様」である。

本名も明らかにして書かれているこの手紙は、朝来町民の、いや但馬の住民の声を率直に反映している。

長文なので一部分カットしてあるが、あとは原文のままである。「永井文部大臣様、水戸黄門のようにお忍びで現地調査に来ていただけないでしょうか」と書かれているが、六〇歳ちかい分別のある婦人が、こう書かざるを得ないところに、今日の但馬の、そして兵庫県の状況がある。

私が、今回の但馬の問題に直接関係しだしたのは、一九七四年二月二日の兵庫県教職員組合（兵教組）朝来支部主催の同和教育講演会であった。これは朝来支部が連続して開いてきた、同和教育講座のひとつであり、朝来支部一九分会にアンケートをして、一八対一という圧倒的多数の賛成で私を講師に指名してきたものだった。

ところがこの講演会に反対したのが、「解同」丸尾一派であり、町教委連合会であり、兵庫県教職員組合本部であった。理由は、「東上は正常化連の講師だから」というものだった。私は正常化連の講師ではない。しかし、そんなことが問題なのではなく、自分たちに気にいらない講師は認めない、実力でつぶす、という民主主義の基本である、言論・集会の自由を平気でふみにじる彼らのやり方にある。

二月二日は実力による阻止こそなかったが、朝来町中央公民館ホールの暖房はとめられ、電気はきられた。しかし会場は、朝来支部組合員総数二九二人よりもはるかに多い三五〇名が参加し、超満員であった。

そのときに聞いた、いま但馬でおこっていることは、驚くべきことばかりだった。同和教育や部落の解放だけでなく、日本の教育にとって、日本の民主主義にとって、大変なことになるというのが私の感じだった。

それいらい機会をみつけて但馬にいった。もともと私は、旧制中学校をこの但馬ですごした。それだけに友人も多い。友人たちがいろいろなことを教えてくれた。やがて、誤った解放運動を正さなければならないという運動、「部落解放運動の統一と刷新をはかる有志連合」（略称「有志連」）が但馬で一番大きな、日高町上鶴岡部落の区長植田友蔵氏らによって旗あげされた。それを機会に植田さんともたびたび会った。

そうしたなかで、雑誌『部落』（部落問題研究所機関誌）一九七四年九月号に書いたのが「こうした現状がゆるされていいのか―兵庫県但馬地方からのレポート」であった。これは県内ではリプリントされて、かなり読まれた。

やがて朝來事件がひきおこされた。私は但馬に出かけて取材し、資料を集めて「この無法この蛮行―朝来事件の真相と背景」（『部落』一九七四年一二月号）を書き、前にもまして但馬の動きに注意を払うようになった。

八鹿高校事件がひきおこされ、片山さんをはじめ一〇〇名の教職員集団の不屈のたたかいと、一三〇〇名の生徒たちの、目をみはるような行動にせっしたとき、私は、私ができる、そしてしなければならないことは、書くことをとおして、このたたかいに参加することだと決意した。それが病床にしんぎんする片山さんたちに、こたえる唯ひとつの道だと思った。

『部落』一九七五年一月号に「八鹿高校事件と部落解放の行方―兵庫県連小西委員長の欺瞞にみちた談話を追及する」を、二月号に「地ぞこから春が―八鹿高校の教育実践と高校生のたたかい」を、三月号に「八鹿高校事件と同和教育の行方―しなければならないことと、してはならないこと」を連続して書いた。

これはまた、八鹿高校事件の真相が明らかになり、運動が発展していく過程とも照応していた。

しかし、逆流もまたはげしい。「拝啓　永井文部大臣様」に書かれている状況が、今日もつづいているのである。同時に国政レベルで、この問題が、今日の日本の民主主義と民主教育の行方にかかわる、重大問題として論議されるようになった。

この時点で八鹿高校事件をまとめなければならないと考えたのは、「赤旗」をのぞいた、日本のジャーナリズムの、この事件に関する報道のしかたに関係している。そこでは、この事件で負傷し、入院し、いまも入院している被害者から取材せず、八鹿高校の主人公である、あの生徒たちから取材せず、いまもっぱら加害者たちから取材して、加害者たちの意向にそって記事を書くという、およそ、ジャーナリズムとはいえない、報道ぶりがある。

法治国日本としては考えられない事件であるだけに、こうした報道のしかたは、国民のあいだに大きなとまどいを生みだしている。それだけに、この事件の真実と背景をひとりでも多くの人に、一刻も早く知っていただかなければならないと考えた。

(『ドキュメント八鹿高校事件』〈一九七五年四月、汐文社〉の序章)

二　八鹿高校事件と同和教育の行方

東上　高志

1．兵庫県教委指導主事山岡・前田両君

連日「赤旗」で報道される八鹿高校事件の記事のなかに、兵庫県教育委員会同和教育室の山岡高（主任指導主事）、前田昭一（主任社会教育主事）両君の名前をみたときは、ほんとのところ驚いた。この二人は、私の古くからの友人である。

山岡の揖保郡新宮町立越部小学校の実践について、私は『部落をどう教えるか』（部落問題研究所）のなかで、「目的を明らかにした実践例」として「守れなかった修学旅行のこづかい」を引用しているから、読んでいただいた方もあると思う。

前田は、養父郡関宮町立関宮中学校の教師として、校下の部落での学習会に積極的にとりくみ、学校教育と社会教育の両方ですぐれた足跡をのこしている。

兵庫県における同和教育の実践をいう場合、山岡の小学校での実践、前田の中学校での実践は、もう一〇年も前のことにはなるが、その時期の代表的な実践のひとつである、といってさしつかえないであろう。兵庫県教育委員会（県教委）は、同和教育室をつくるにあたって、他の同じような経歴をもった人びととともに

に、この二人を、現場から引き抜いたのである。

一九七四年一一月二二日、日本の教育史上前例のない凄惨なリンチが、一三時間にわたって八鹿高校の教職員に加えられているとき、この二人は、なにをしていたのであろうか。

まず、一斉に下校しはじめた教師集団にたいして、山岡、前田ら六人の指導主事は、玄関前にとび出して、これをさえぎった。教師が帰ってしまえば、この日の午後から夜にかけて計画されていた糾弾集会（彼らは二万人集会と呼んでいた）がもてなくなるからである。それは校門のところにいて、これもまた同じように教師の集団下校を阻止しようとした主犯丸尾と、打ち合わせた上での行動であった。

・第一次の蛮行は、それから数分後にひきおこされた。八鹿高校の応接室（こともあろうに、校長室の隣の応接室が「八鹿高校差別教育糾弾共闘会議」の現地本部とされ、丸尾をはじめ県教委の指導主事たちはここにたむろしていた）から、闘争本部である八鹿町役場にひかれていた直通電話による緊急連絡によったものであろう。校門から八鹿高校の校歌を歌いながら三〇〇㍍ほど進んだ教師集団は、彼らのいう「解放車」の急襲（としかいいようがない）によって、進路をはばまれ、退路をたたれた。そして丸尾らに動員された、ゼッケン、はちまき姿の「共闘会議」の数百名に包囲されてしまったのである。両側が商店街の狭い道路上でのことである。まったく、あっという間の出来ごとだった。午前一〇時という時間に、これだけの動員が瞬時のうちに出来る、この一事をとってみても、八鹿高校事件が、この日に焦点を合わせて、いかに周到に準備されたものかわかるであろう。しかもいまでは明らかになっているように、この日の動員は、特に体力のすぐれた若い男性を指名してあつめているのである。

道路上での蛮行の様子はすでに書いたからここではくりかえさない。しかしどうしても落としてならないのは、教師を引きずってゆく男たちのなかに、県教委の前田昭一の姿があったことである。彼は、すでにひどく痛めつけられている田中暢教諭を、救出し病院へ送りこむのではなく、第二の蛮行が行なわれた第二体育館にら致した。

それも、「町に出れば何か情報が入るやも知れないと、急いで町に走りました。町の人たちは皆涙を流しながら『先生がひどい目に合いんさった。私たちの目の前で殴る蹴る、路面に頭をぶっつける。服はは ぎ取られ道路を引きづりまわされ、失神した先生をまるで荷物でも運び込むようにトラックに放り上げました。またその上で解同丸尾派の人が思いきり踏んだり蹴ったりひどいことをしていた。胃の上を思いきり踏まれ内容物をドッと吐いた先生もあり、内臓破裂しているかもわからん。警察は、必死で這って行き〝助けてくれ！〟とすがりつく先生を、振り払い知らん顔して眺めていた』」（八鹿高校教職員家族会の文集『絆《きずな》』）というなかでのことである。

第二の蛮行の行なわれた八鹿高校の第二体育館で、第三の蛮行が行なわれた校長室・応接室の真上にある会議室と「解放研」部室で、そしてそうした凶行の現場をふくめた八鹿高校の校舎内で、山岡や前田が何をしていたかは、いまは明らかでない。しかし、こうした凄惨なリンチが教職員に加えられているのを目の前で見ていながら、一回もそれを止めようとしなかったことは事実である。あるいは校長、教頭に命じて止めさせようとしなかったことも事実である。重傷をおった教師たちを、病院へ送るなどの処置をとらなかったことも事実である。

前田のごときは、「教職員が第一現場から次々と第二現場へ連行され、殴られ、蹴られ、更には冷水をかけられたりの集団リンチを加えられている現場で、福田晋教諭（第一現場で足を骨折させられたまま第二体育館へ連行されていた）に橘謙教諭（第一現場で殴られ蹴られして負傷させられ着衣をズタズタにひきさかれて第二体育館へ連行されていた）及び米田稔教諭の三名に対し、『前もって、こんな事態になるといってあるのに』とつめよった」という（公正・民主的同和行政の推進、地方自治と教育・人権を守る兵庫県共闘会議編『「解同」朝田・丸尾派による八鹿高校集団リンチの真相』、以下『集団リンチの真相』）。

もうこれ以上事実を書きならべることはやめよう。県教委関係者が、八鹿高校事件の前後、八鹿高校に駐在していて、何をしていたかは、前記『集団リンチの真相』にくわしい。それらの証言は、彼らは、断じて第三者ではないこと、まさしく共犯者のひとりであることを示している。

教師には、しなければならないこととしてはならないことがある。まして、その教師を指導・助言する立場にある指導主事や教育行政関係者は、このことをもっともきびしく求められて当然でろう。にもかかわらず、山岡、前田両君をはじめ畑中参事ほか数名の兵庫県教委指導主事たちは、その、もっともしてはならない暴力事件に加担し、八鹿高校の教職員四四名にひん死の重傷をふくむ重軽傷をおわせているのである。こうしたことが、不問に附されていいのであろうか。

2. 珍坂校長と小田垣教頭

もっと直接的な責任は、八鹿高校の管理者である珍坂邦巌校長と小田垣鎮教頭にある。

八鹿高校事件の直接の契機になった「解放研」は、六月二二、二三日両日、但馬文教府で行なわれた「モデル確認会」において、いわゆる「インディアン方式」の糾弾にさらされた小田垣教頭が「解放研」をつくることを約束させられ、同じく三〇日、文教府で再度行なわれたモデル確認会で珍坂校長も追認させられたものであることは、すでにのべた。しかもそれは、その前後に何回となく行なわれた職員会議で、校長、教頭自らが、「モデル確認会」に行ったことと「解放研」を認めたことは誤りであった、と言明していることがらである。

にもかかわらず、県教委の職務命令と、丸尾一派の集団的な圧力に屈服させられた校長、教頭は、校内規定にもない、しかも今まで一度も行なわれたことのない方法、すなわち職員会議の承認を受けず、生徒会の了承もとりつけないなかで、教頭を顧問に「解放研」を発足させた。それは夏休み最中の、すなわち生徒のいない七月三〇日のことであった。

校長、教頭の手によって、学校内で民主教育を進めていく、最低の基準（職員会議の承認と生徒会の了承）が無視され、「解放研」がでっちあげられて事件の火種がつくられたのである。こうしてつくられた「解放研」の最初の活動は、「解放研」の「経過報告」によれば「一一月一二日に八鹿高校の同和室に対し、話し合いを要求」したことだった。記憶されていいことは、彼らが要求したのは「同和室」の教員に対する話し合いだった。丸尾一派は「教員が話し合いに応じなかった」ことが事件の原因であるといい、そのために全教師を糾弾したとしているが、語るにおちるというべきであろう。

八鹿高校の教師集団にたいする糾弾の態勢は、「解同」朝田・丸尾派と県教委が共謀し、校長、教頭が工作者となって進められていった。

そしてそれ以後の事態も、校長の了解なしには出来ないことばかりだった。

すでにのべたとおり、校長は十八日に校長室の隣にある応接室を、「現地闘争本部」として利用することを許可した。

　なんということであろう。自分が管理者として責任をもっている学校の教育が、理不尽なしかも破壊的な攻撃を受ける、その前進基地に応接室を提供したというわけである。家にたとえれば、家族に暴力をふるうために乱入した男どもに、主人が共謀して客間を提供した、ということになる。

　この室で、丸尾を中心に「解同」の幹部、県教委の主事たち、校長、教頭が、連日にわたり話し合っていることは、多くの教師、生徒が目にしているところである。

　そしてこの室で、坂井兵庫県知事は、一一月一八日、すなわち事件のおこる四日前主犯丸尾と握手し、彼らの行動を激励した。坂井知事はかつて兵庫県警本部長·であり、今日も警察にたいして陰然たる力をもっていることは推測にかたくない。それは、あとでのべる八鹿高校事件における警察の動きに見事にあらわれている。

　一一月二二日の当日、校長、教頭はなにをしたのか。

　教師集団が整然と隊列を組んで校外へ退出したとき、あわてにあわてた校長は、自ら自動車を運転して八鹿駅に先まわりし、教職員を学校につれもどそうとしたのをはじめ、彼のこの日の行動ほど、怒りをさそうものはない。

　校長、教頭ははちまきをしめて集団リンチの現場を詳しく見て回っており、教師たちが瀕死の重傷をおっているのを見ながら、助けるのでもなければ、救急車を呼ぶのでもなく、暴力にさらされるままに放置した。

　いやそうではない。校長は、午前一〇時三〇分ごろから深夜にいたるまで、何回も何回も八鹿警察署より救出のために出動する旨の連絡をうけながら、その都度「校内では平穏に話し合いが行なわれているだけであって、警察の介入すべき事態はまったく発生していない」とうその回答を行なって、あの凄惨な集団リンチに、教職員を一三時間もさらしたのである。

それだけではない。教頭をして、集団リンチを受けている教職員の氏名を一人一人確認させ、リンチを受けていないと思われる教職員九名にたいし、電報による職務命令を出した。

「事態収拾のため学校におけるすべての校務運営ならびに教育活動について校長の指揮監督に従うことを命ず。ただちに復帰せよ。校長」

これはどういうことであろうか。午後一時三〇分にうたれた電報によって、集団リンチの最中の「学校に復帰」したとしたら、その教師はどうなるであろうか。

げんに校長は、午後七時から八時にかけて、負傷して八鹿病院に入院し、あるいは学校内に横たわっている重傷者の家族に事務長を通じて個別に電話をかけさせ、家族の着替えを学校か病院にもってくるよう連絡させせた。その電話をうけた平松美也子教諭の父親は、「学校に迎えに行った者の身の安全は保障してもらえるか」と問い合わせたのにたいして、校長は「安全を保障する」と答えている。それを信じた同教諭の夫平松英男氏は、事務長に付添われて応接室にいったところ、美也子さんの「来たらあかん。殺される。早く逃げて！」という必死の叫びに校外に逃げだそうとしたところを、丸尾一派につかまり、下網場公民館に連行されて半殺しの目にあっている。

校長、教頭、県教委の指導主事たちは、この集団リンチ事件の最後をかざる「総括糾弾」集会に参加し、そのセレモニーが終わり一三時間にわたる集団リンチから解放され、入院のため病院にかつぎこまれる教職員にたいして、口ぐちに、「ご苦労様でした」「お車の用意がしてありますから、お気をつけてお帰り下さい」と言ったと言う。
病院のストレッチャーの上で、全身痛々しい打撲傷を受け、青白くむくんだ顔をして「仲間と、もっと行動を共にしたかった」と泣いていた先生、男物の下着を着せられ、「一生懸命しているのに、どうしてこんな目に会わねばならないの」と泣き叫んでいる女の先生、全身なぐられ、顔や首にタバコの火をつけられながらも、「たのむから、もう一度学校に帰らせてくれ。片山さんを助けないと殺されてしまう」と言って皆を困らせていた先生、「とうとう確認書を書いてしまった。これからは心にもないことを生徒達に教えていかなければならない」と毛布をかぶって、ポロポロと泣いていた先生。この日のことを想い出すと、今でも涙が出てくるのです。

（八鹿高校教職員家族会編『絆』）

この教師たちと、校長、教頭のあの態度。
教師として、しなければならないこととしてはならないことがある、と書いた。まして、校長・教頭にとってはなおさらのことである。しかし八鹿高校事件における校長、教頭の行為は、そんな次元の問題ではない。それはもっと根源的な、人間として、しなければならないこととしてはならないことの問題に属している。彼らのこの日の行動は、校長、教頭という責任が追及される前に、人間としての責任が問われねばならない問題である。

3. 出動しなかった警察官たち

山岡、前田両君や、珍坂校長、小田垣教頭だけではない。朝来事件、八鹿高校事件、そして但馬地方における「解同」丸尾一派の蛮行のなかで、私たちは、どれほど多くのこうした事実を見てきたことだろう。

それは、ひと言でいって、人間の心と、人間の魂を売りわたしてしまった人びとの行為である。人間性の喪失といわれている、あの問題である。

一一月二二日午後三時ごろ、子どもが学校から帰って来た。「お母さん、今日学校で自転車検定やったけど、ほとんどの先生が八鹿に行ったんで。」「そう」きわめて平静をとりつくろってはいるものの胸の中がかきむしられるようであった。教育への不当介入を排除し主体性を守ろうと闘っている教師を、こともあろうに同じく教育にたずさわる小学校・中学校の教師が、ゼッケン、ハチマキ姿も勇ましくとりかこみ、罵声をあびせているかと思うと、かつて同業にあったものとして、なさけなくはがゆいものであった。「小中学校の先生とて人の子、人の親、皆我が身だけがかわいいのよ」と自嘲したものである。

（「絆」）

一九日には、白昼堂々と近くの中学校の先生が共闘会議側のビラを一軒一軒配ってまわられました。教師でありながら正しいことを正しいとも言えず解放同盟の言いなりになっているなんて…と思い、正しいことをつらぬくためにがんばっている主人が誇らしく思えました。

（「絆」）

とくに警察官の態度はひどかった。

急いで警察へ行きました。行く途中「先生を助けてください」「先生が殺される」と目を真赤にして泣きながら走っている生徒たちや「デモをするから署名をしてください」と泣きながら訴えている生徒さんにも出会いました。早く主人たちの身の安全を守ってほしいと叫びました。集まってこられた家族の方もなんどもなんども叫びました。しかし、なにを言っても、なにを聞いても納得のいく説明はしていただけませんでした。必死になって、なんどもなんども叫びました。警察は動いてくれませんでした。時間がたつにしたがって不安で不安で、そのときの気持ちは言葉ではとても言いあらわせません。

（「絆」）

それでもと思い、八鹿警察へ保護願いを出しに行きました。車で警察の前まで来るともう共闘会議の人達が三十人くらい集まっていてその中を通っていくことができにくい状態でした。しかたなく知り合いの家まで行き警察へ電話したところ、「保護願いは電話では受け付けません。持って来て下さい。ただし、入って来られるときの身の安全は保障できません」という返事でした。時間はちょうど五時だったと思います。

（「絆」）

四時ごろでしょうか。解放同盟（丸尾派）が数人土足のまま入り込んできて、「運ばれた先生の中で入院の必要のない先生はもう一度つれて行く」と言って外科の処置室の中まで入り込んで、医者にくってかかっていました。警察は五名ほどが待合室の後ろの方のいすにすわって、だまって下を向いているだけでした。

病院に運ばれても家族の者さえ近よれない状態でした。警察は何のためにあるのでしょうか。警察というのはなんと無力なものでしょうか！　一人の若い警官が外科の処置室の前に近よると解放同盟（丸尾派）のジャンパーを着た男の人が「お前ら関係ねー。来んでもええ。あっちにいっとれ。何しに来た！」と肩をおしておし返してしまいました。その警官は、青い顔をして一言も言わず待合室の後ろの方のいすにすわってしまいました。六時ごろ、雨が降っている中を解放同盟に占領された状態の病院に心配した生徒がつめかけてくれました。女の子はみんな泣いていました。外は暗く雨が降っていて寒いのに、生徒は今まで河原でがんばっていてくれたのです。

（「絆」）

家族の人びとが一番多く書いているのは、保護願いを出しに行っても警察に入れないので、電話をしたところ「来ていただいてもいいが、あなたの身の安全は保障できません」という警察の対応である。

警察は、それほど弱いものだろうか。そうではあるまい。おがむようにして頼みこんでいる家族に、そして土下座をしてお願いしている女生徒に、警察官が言っているのは「上司の命令がないから動けない」という言葉である。この言葉も「絆」のなかに何回も出てくる。

私はさきほど、人間の心と、人間の魂を売りわたしてしまった人びとの行為だと書いた。しかしこの言い方は正しくない。第一線にいる警察官たちが、この不法不当な蛮行をみて、心を動かされないはずはない。法を守る立場からいっても、ほっておけるはずがない。

にもかかわらず警察は動かなかった。弱いからであろうか。そうではない。「上司の命令がないから動けない」のである。校長がうそを言おうと、朝の路上の蛮行の始めから警察は現場でみている。その上、あれだけのけが人が病院に収容されているのである。強制捜査にふみ込むことは当然の状況であった。にもかかわらず警察は動かなかった。

そしてすでに書いたように、機動隊が「学校に入る」ことを宣言し、実際に学校に入るまでの約一時間の間に、最後のそして決定的な暴行が教職員たちに加えられた。しかも彼らが水を流すなどして犯行のあとを消しさり、主犯丸尾が「いまから機動隊が入るから、機動隊には手を出すな」といって立ち去ったあと、警察は動き、八鹿高校へ入ったのである。

警察が弱かったのではない。まさしくそれは、警察権力の意図的な動きであった。

この事件の少し前、一一月六日の知事選挙に向けて最後の追いこみに入った段階で、丸尾一派らは、一〇月二〇日から二九日にかけて、彼らの教育介入に屈しないからといって兵教組朝来支部長である橋本哲朗氏宅を連日包囲して、坂井知事らを客観的には援助したのであった。

それは二つの意味で有効な援助であった。一つには、社会党、共産党をはじめ、労働組合やいろんな民主団体の活動家たちを過疎地帯但馬地方に集中させ、全県的に活動家の層を薄くさせたこと。しかもマスコミはまったくこの大事件には沈黙を守ったので、一層この但馬地方への活動家の集中作戦は効果的であった。二つには、難航しながらも一谷候補で統一した社会党、共産党がこの同和問題で真正面から対立し、一谷選挙どころではない状態をつくり出すにきわめて有効な素材だったのである。

今度の八鹿高校集団リンチ事件は、実に右のような事情によって坂井知事が当選し、丸尾派に感謝、激励したあとに生じたものである（山本元太郎「朝田・丸尾一派の暴力弁護論批判」『同和教育運動』七号）。

八鹿高校事件において、坂井知事がどういう具体的な指示を与えたか、それはわからない。しかし山本氏が指摘している事実は極めて重要である。当選したばかりの知事が、八鹿高校問題に関して現地をおとずれ、「現地闘争本部」にされた八鹿高校で、主犯丸尾をはじめ「共闘会議」のメンバーと握手し座り込み中の生徒を激励したことが、「共闘会議」をはじめ、但馬住民に与えた影響は、はかり知れないほど大きい。

八鹿高校教職員家族会の文集「絆」にのせられている、おそらく県政界にも明るい有力者だと思われる方の次の一文は、きわめて示唆的である。

私は明るい誠実らしい公約の数々を県民に訴えて知事になられたばかりの坂井知事に、最後の望みを託して、日ごろ念頭にすらない知事室というところに電話しました。知事は留守で秘書の方が私の訴えを聞いて「どう返事をするのですか」と聞いておられる声がして、しばらくして、またせかれて、秘書課長という人が電話に出られました。また同じことをくり返して話す私に「娘さんが先生をしておられるのですか。ああ、娘さんのご主人ですか。」〝そんなことはどうでもいいのだ〟と私は心の中でいらいらしながら「こうしている間にもケガ人が出ます。もう後の者は死んでいるかも知れない、などと言っています。何とかしてやって下さい。お願いです」と頼みました。「ほかからもいろいろ情報が入っておりますので、こちらも処置をとっていますから。」冷静な答弁でした。「集合している生徒が…」と言いかけたとき、「えっ？　生徒がどうしましたか」とその声だけは調子の変わった意気ごんだものでした。「デモしようとしていたけれど、解散させられた様子だ」という私のことばに、「ああ、そうですか」と安堵の気持ちが、但馬と神戸に離れていても伝わりました。（中略）教職員のときの落ちついた応対と、〃生徒が…〃と言ったときのピリッと電流の通った感じの違いを何となく思った。それが、教委や県知事の政治上の姿勢から来たものだということを私なりに理解しました。それは家族だけでなく、人の生命の危機を気づかうあまりの庶民の必死の電話に対して、温かい人間としての血の通った応対ではなく、政治という機能から出てくるたいていのことには動じないお役人の答えでした。

（『絆』）

現地に副知事をはじめ、役人を何人も派遣し、そこから情報をとって「処置」をしている知事の姿がうかんでくるような文章である。しかし生徒の動きはまだ報告されていなかったのだろう。

「温かい人間としての血の通った応対ではなく」と書かれている、そのとおりである。

さきほど「人間性の喪失」と書いたが、それは勿論個々人の生き方にもかかわっているが、役所や学校などという機構のなかにいる人間にとって、それは、行政権力の志向が、個人の生きかたをおしつぶすなかで「喪失」させられる場合が多いのではなかろうか。その典型が警察官の場合であろう。

4．県教委と「解同」の連帯

論点を教育の問題にかえしていこう。

山岡君にしても前田君にしても、「解同」朝田派のやり方に批判的であったことは、私もよく知っている。

とくにそれは、「解同」朝田派の、反社会的暴力・利権集団としての自己形成と県教委にたいする威力介入と支配・ゆ着を決定的にした一九七二年春の「県教委事務局占拠事件」のなかにはっきりとあらわれていた。この事件は「解同」芦屋支部（山口富造支部長）と共闘組織が、県教委に次のような要求をつきつけ、その実施をせまったことからおこった。

「①被差別部落、貧困家庭の生徒に合格定員のワク外で、県立芦屋高校へ入学保障をせよ、②それに伴う教員八人の増員、③芦屋市立小・中学校に四七人の教員増員、④同市立小・中学校に特殊学級など障害児教育のため六人の教員増―など五項目」（「朝日新聞」一九七二年四月四日）

交渉は二月二五日、三月二三日に徹夜でおこなわれ、県教委は、この要求をのんで三月県議会に補正予算を上程することを約束させられた。しかし、実際には県立芦屋高校の「特別入学」一〇人を認めただけで、あとは起案すらしなかった。そのうえ、三月二九日までに白井県教育長と話し合う機会をつくると約束していながら、県教委はその約束を果たさず、三月二九日から、教育長、次長をはじめ、課長補佐以上の幹部職員五〇人がいっせいに「雲がくれ」するという事件に発展した。「解同」芦屋支部と共闘組織は県教委のこの態度に怒り、代表二〇人が、二九日から県庁に寝とまりし、交渉を要求した。そうした状態が一週間以上もつづき県教委の機能はマヒ状態になった。不当な要求であれば、それは、たといどんなに強要されても断わるべきである。にもかかわらず、その場のがれの約束をして、そして雲がくれする、この県教委の態度は当然せめられなければならない。

しかも県教委幹部のこうした行為は、逆に職員をいっそう苦しい立場にたたせることになる。

県教委事務局は、事実上「解同」芦屋支部と共闘組織に占拠され、彼らのなすがままにされた。出勤した職員たちは、幹部の行方を追求され、どなりちらされ、おどかされた。このときの職員たちの合い言葉は、いすにかじりついても机から離れないようにしようということだった。職場を離脱しないことがたたかいであった。ちょうど一一月二二日の一週間前からの八鹿高校のように。

私は、この話を前田昭一君から聞いた。彼は、そうしたやり方を腹の底から怒っていた。そして頑張りぬいた。しかし、その直後彼はたおれ、入院した。

この県教委占拠事件が、兵庫県の教育行政を「解同」朝田派に従属させ、ゆ着させ、利用しあう転換点になった。

すでに一九七〇年三月の入試にさいして、姫路市立飾磨高校においては、解同「県連」の圧力に屈して入学定員のワク外合格点に達しない部落出身生徒三名を「優先入学」させていた。翌一九七一年には、芦屋市教育長の発言をとらえて、入学定員のワク外で市立芦屋高校に「優先入学」を要求し、実現した。しかしこれらは、いずれも市教委の管轄になる市立高校の場合であった。

それを一挙に、県立高校におし広げようとしたのが、「県教委事務局占拠事件」であった。いわば、局地的、部分的な不公正な「処置」を全県に拡大するという、重大な問題である。それはまた、いま「解同」兵庫県連の書記長として、蛮行のかずかずを指揮し、自らも行なってきた山口富造の「登龍門」でもあった。彼は西宮事件にみるように、「目的」を達成するためには、どんな手段でもろうする男である。その彼が「体を張って」たたかったのが、この事件である。

しかも事件の調停にのりだしたのが、「解放県連」の委員長で、翌年「解放県連」を「解放同盟」中央本部、すなわち朝田派に全組織をあげて加盟させた小西弥一郎であった。県教委は、山口らの圧力と小西の言葉たくみな調停に全面的に屈服し、今後の同和行政、同和教育、同和事業は、「解放県連」の言いなりになることを約束させられた。それを徹底させるために、県教委杢谷教育次長は小西委員長のたちあいのもとに、指導主事全員を集めてこの旨を指示した。学校教育の指導内容に「解同」県連が介入する道がこうしてひらかれていった。これが、県教委は「解同」県連と「連帯」してやっていく、と表現されている内容である。

山岡君や前田君たち指導主事が、「憲法」や「教育基本法」や、そして過去の自らのすぐれた実践によりながら現場の教師に「指導助言」するのではなく、「解同」朝田派の言うがままの「指導」を強制されていくようになるのは、このときからである。但馬地方で一九七四年に一〇〇回ちかい「点検・確認・糾弾」集会という名の蛮行がおこなわれているが、それが「最高の学習の場」だとして、そこに教師をひきずり出し、暴力はなかったと証言するために、必ず指導主事が立ち合わされていくようになるのも、このときからである。「朝来事件」や「八鹿高校事件」の背景は、こうしてつくられていったのである。

5．教育行政と二つの事例

兵庫県の同和教育が、とくに、同和教育行政が、公正、民主的なあり方から、きわだった逸脱をみせはじめるのは、さきほどのべた「解放県連」と「連帯」させられるようになった一九七二年度からである。そしてそれは、「解放県連」が「解同」本部（朝田派）に組織加盟した一九七三年度になって、ますます明確になっていく。それは、ひとことでいえば、同和教育の特殊化、別格化、そして「県連」による私物化だといっていい。

たとえば兵庫県内で「三百十一項」と呼ばれている問題がそうである。

「本人及び家庭の事情、特に歴史的社会的理由によって、教育的諸条件がみたされないために、本人の能力がじゅうぶんに発揮されていない場合」、「本人の学習に対する意欲や態度について、中学校における平素の観察や指導に基づいて記入」（兵庫県公立高校入学者選抜要項第三百十一項）したもので選考する、というわゆる「特記事項」である。

一九七四年三月の入試にさいして、多紀郡内で数十名（正確にはつかめないが七〇名前後と言われている）の生徒の入学が、この「三百十一項」によっておこなわれ、そのために合格発表が一週間ちかくおくれるという問題がもちあがったが、これは一部新聞にも報道され県民の疑惑をまねいた。こうした不公正な「優先入学」が、しかも、事実上「解同」朝田派の言うがままに行なわれる、という状態がつくり出されていったのである。

第二の「矢田問題」といわれている県立姫路商業高等学校の問題もまたそうである。

一九七四年一月一六日の放課後にひらかれた定例分会会議に、生徒会執行部で「部落研」に所属している生徒五人が無断ではいりこみ、分会会議の中止をもとめ、「わしらを追い出すのなら力ずくでこい」とすごんで居すわり、継続を不可能にしたのを、翌一七日、「分会ニュース」八七号に書いたことを問題にしたものである。

「部落研」生徒の「差別文書」だという主張をまっさきに支持したのが校長と県教委であったことは象徴的である。校長名で六月二一日に発表された「姫商教育差別事件の真相」によると、第一に、「分会ニュース」の見出し「部落研　無断入場し　会議つぶされる」の表現は、生徒会執行部でもあるのに、「あえて部落研ととらえ『つぶされる』ということばで、きめつけ」たのは「一方的に生徒を悪者にしてい」る、というもの。第二は、「あんたらいつもルール違反ばかりして」というY教諭のことば（註・この言葉は「分会ニュース」にはでていない―筆者）、「まず部落研ときめつけた上で、部落出身の者はいつも無茶をして悪いのだという、先入観のもとで発言したものであり、差別意識の現れ」だというもの。第三は、「すごむばかり」ということばは「部落研の者は悪い、恐しい、乱暴だという差別意識があふれてい」る、というもの。第四は、この「分会ニュース」によって「現在の社会の中にある偏見と差別意識が、さらに、拡大されていく」というものである。

「分会ニュース」発行から約二週間後の二月一日に、同校長の職権でひらかれた職員会議で、この「分会ニュース」は「差別文書」であると多数決で決定。それにもとづいて、二月八日には校長職権で全校ロング・ホームルームを開かせ、この「分会ニュース」は「差別文書である」として論議させた。

こうした上で三月九日に「解同」朝田派が校内にはいり、「確認会」を開いたが、「分会ニュース」を「差別文書」と認めなかった藤田実教諭ら五教諭は出席を拒否し、断固たるたたかいを開始した。

四月末から五月にかけて「解同」朝田派はこの五教諭の授業のボイコットを生徒によびかけ、五月四日から は一部教師と「校長直属」のサークルである「部落研」と生徒会役員で構成された「闘争会議」が授業ボイコットを全校にひろげていった。

六月四日、五教諭の「授業をうけたい」と女子生徒が発言したのを「部落研」がとらえ、「非常事態発生」という放送によって「全校生徒集会」を開き女子生徒を三時間余にわたって糾弾。翌五日には、その生徒が「授業をうけたい」というのは「差別教師の責任である」として、五教諭のうちの一人山下晴子教諭に

「全校集会」で、「おまえ、殺したろか」などの怒号のなかで首をしめ、つきとばすというリンチを加えた。つづいて翌六日にも「糾弾」の「全校集会」が開かれたが、藤田実、塚原日出男両教諭は出席を拒否、校長はその二教諭に業務命令を出して出席させ、校長立ち会いのもとで腹をける、首をしめあげるというリンチが加えられ、塚原教諭は全治一〇日間の負傷（脾臓打撲）を負った。そして翌七日、「学校を混乱させる」という理由で五教諭に「自宅研修」の命令が出され、学校への出勤が禁止され、それから八カ月たった今日もなお、「教える権利」を剥奪したまま放置している、というものである。

この姫商問題の担当者が、県教委山岡高主任指導主事であった。彼は、五月二七日同校へ行き、五教諭に「差別と認めよ」と「指導」したし、六月六日のリンチの日も同校にいて、学校長を指揮した。その間、「解同」朝田派の学校教育への介入や、生徒の暴力に対して、なんの処置もとらず、「差別と認めれば事態は解決する」として五教諭に屈服を強要するだけであった。

以上二つの事例からもわかるように、兵庫県の教育は「解同」朝田派によって支配され、ほしいままにされている。しかしそれは、彼らの暴力と「連帯」した、県教委の行政権力があって、はじめて可能になることである。

本論の最初から書いているように、教師には、しなければならないこととしてはならないことがある。いや、もっと根元的ないい方をすれば、子どもたちの人格形成に大きな影響を与える教師には、人間としてしなければならないことと、してはならないことが、より切実に求められているといっていいであろう。

こう考えてくると、今日の兵庫県の教育をめぐる異常な事態は明らかである。憲法と教育基本法にもとづいて行なわれる公教育において、人間として、そして教師として、してはならないこと、すなわち民主主義を根本から否定する暴力主義が、県教委や校長の職権によって保護されているだけではなく、暴力と共犯するという、およそ考えられない事態がここ二年間、あたりまえになってしまっているのである。

その頂点が八鹿高校事件であった。

前田君や山岡君の行為を私はけっして是認しない。しかし、さきほどの警察官と同じように、「上司の命令」が彼らの行動をしばり、彼らの人間性を喪失させていったのである。私はそう考えたい。それは、八鹿高校の校長、教頭についても同様であると考えたい。珍坂校長はもと同校の教師であり、「八鹿憲法」といわれる民主的な学校運営の基礎をつくった、八鹿高校「校務運営規定」の原案作成委員会の委員長をつとめた、その人である。

その珍坂校長が、あの集団リンチのさなかに、まだリンチを受けていない教職員を職務命令の電報で呼びだそうとしたことはすでにのべた。しかしそれは、生徒たちが明らかにしているように、県教育長の命令によったものであった（八鹿高校生徒自治会編『八鹿高11・22その日』第2集)。

しかし同時に珍坂校長は、あの日次のような行動をとっているのである。

校長は、丸尾が午前一一時半頃、校長室で気分が悪くなったと称して横になるや、狼狽して事務職員からタオルを借りて水に浸し、必死になって丸尾の顔に押しあてるなどの介抱に専念し、同人が「このままでは指揮ができないから医者を呼べ」と命じるや、あちこちの医院に連絡をとって、二名の医師の治療を受けさせるなど万全の措置をとって集団リンチの首謀者丸尾にひき続いてリンチの指揮をとらせるため同人の「回復」に全力を尽しました。（前掲『集団リンチの真相』）
権力に組みこまれた者の、まさに、あさましい姿と言うべきものであろうか。
しかしながら、そうした、さまざまな状況をみせるとは言え、基本になるのは、県教委の方針であろう。県教委が反社会的暴力利権集団としか呼びようのない特定の団体と「連帯」していけば、こうした校長にならざるを得ないのである。
問題の中心は、憲法と教育基本法にもとづいた、公正で民主的な教育行政がおこなわれていないことにある。この問題をたちきり、兵庫県教委に、公正で民主的な教育行政を行なわせないかぎり、こうした校長や指導主事がつぎつぎに生まれていくし、第二、第三の姫路商業高校問題、八鹿高校事件がおこらないとは保証のかぎりではないのである。

6. 兵教組「見解」の批判

公正で民主的な教育行政を実現するのは、県民の力である。しかしより直接的には、国民の教育に直接責任をおっている教師であり、その結集体である教職員組合である。

以上のべたような教育行政が行なわれている兵庫県において、教職員組合の役割がとりわけ大きいのは、言うまでもないことであろう。ところで、兵教組は、教育行政のゆがみが頂点にたっした八鹿高校事件において、どういう態度をとったか。

兵教組は、一九七四年一二月一一日付で「朝来支部橋本問題、八鹿高校問題に関する兵教組見解(案)」

（「教育ひょうご」第八〇四号）を下部討議に附し、一二月二〇日の第一八回定例中央委員会で決定した。

この内容はまことにひどいものである。

というのは、「見解」を出す場合の事実確認にまったく科学性を欠いていることである。偏見と予断にみちていることである。それは「資料」としてつけられている「八鹿高校事件の事実経過」なるものをみれば一目瞭然である。その冒頭部分を引用してみよう。

「八鹿高校は、数年前から『部落研』が設置されていたが、一般差別の解消のなかに部落差別の解消を位置づける『正常化連』の流れをくむものであった。」

これが「事実経過」の書き出しである。いったい、高校生の自主活動に「正常化連の流れをくむ」などというものがあるであろうか。

しかも八鹿高校の部落研活動は、社研部からの歴史を入れれば一〇年をこえるし、部落研として独立した一九六九年から数えても五年間にわたる活動歴をもっている。あえていえば、正常化連が結成されるのは一九七〇年六月であるし、兵庫県においては一九七五年になってはじめて正常化県連が発足する。ありもしない「正常化連の流れをくむ」などと書いているところに、事実をみない偏見と予断にみちたこの「見解」の立場が露呈されている。

次に、朝来事件、八鹿高校事件で見解をのべる場合、どの立場から発言しようともふまえなければならない争点がある。それにたいする見方を明確にしないかぎり「見解」にならない問題がある。それは、「暴力があったか、なかったか」の問題である。

兵教組「見解」は、ここを意図的に避けている。この決定的な問題を避けている。警察当局でさえも「教員四四人が負傷、うち二八人が入院、二ヵ月の重傷二人、一ヵ月二人、六週間四人…」(一一月二八日、参院法務委、半田警備局参事官答弁)として残虐な事件があったことを認めざるを得ない、その決定的な問題を避けている。

法治国日本で、しかも教育の場において白昼公然とおこなわれた、この残虐な集団リンチが八鹿高校事件なのである。兵教組「見解」が、事件といわず「八鹿高校問題」と言いかえているのは、ここに原因がある。兵教組執行部は真実をみるのがこわいのであろうか。

それは、さきほど兵庫県教委にたいしておこなった同じ批判を、県教組においてもくりかえさなければならないという問題につきあたる。すなわち、私が一九七四年二月に朝来支部の学習会に行ったことをとらえ、次のように書いているなかに明らかである。

兵教組本部は、朝来支部に対して「兵教組は部落解放同盟と連携して同和教育を進める方針を決定しているのだから、部落解放同盟を敵視する関係にある『正常化連』の講師を招く必要はない。中止すべきである」との見解を明らかにし、兵教組の方針にしたがうよう指導しました。しかし、朝来支部は本部の見解を無視して活動をおこなったため、解放同盟南但協議会との対立を生みました。

私が正常化連の講師であるかないかは問うまい。この文書は、支部教組が自主的にきめた講師をチェックするという、民主主義を平気でふみにじる兵教組本部のあり方を見事に示している。ことの経過を言えば、朝来支部は全分会に東上が講師としてのぞましいかどうかをアンケートし、その上支部委員会を開き圧倒的多数(一九分会中反対一)で決定し、講演会をもったのである。それを朝来支部と「解同」南但協議会との対立を生むきっかけであったかのようにえがき出している。笑止というほかあるまい。

問題は「部落解放同盟と連携して同和教育を進める方針」にあることはまちがいない。

「解同」兵庫県連が、この一年間何をしてきたかは、但馬地方における実態をとおして詳しくのべた。しかもその主要な攻撃のほこさきが学校と教師であり、南但に限って言えば、その暴力的「糾弾」をうけなかった学校、分会（教組）はひとつもない。兵教組の組合員の何名が、その「糾弾」のために倒れ、傷ついたか、朝来支部をはじめとして、どれだけの分会が、労働組合としての機能を破壊されたか、兵教組本部は知っているはずである。そうした蛮行の頂点が八鹿高校事件であったのだ。

「部落解放同盟と連携して」という言葉にはリアリティがない。それは、但馬地方に例をとって具体的に言えば、反社会的、暴力利権集団としか言いようがない「解同」丸尾一派の言いなりになる、ということである。

私はすでに兵教組の「部落解放をめざす同和教育をおしすすめよう」という「方針」を次のように批判した（『部落』三一八号）。

さきほどの「差別の本質」規定が「朝田理論」の口うつしである以上に問題なのは、糾弾についての考え方である。

「糾弾闘争とは、解放運動を前進させるための解放同盟の大衆行動であり、これが正しく組織される場合は学習の場としてとらえることができます。」と、きわめてあいまいな書き方をしておきながら、「注」として、「第一五回部落解放兵庫県連合会大会議案」より、差別糾弾闘争の「意義」を「参考資料」として

「附記」している。全文を引用することは紙数の都合で出来ないので、重要な部分だけを引用する。

「確認会は双方の関係者が、社会的立場の関係とか部落問題の不認識によって、必ず対立する関係におかれている。これを解決するためには、事件の真相を明らかにする調査の段階を大切にすることである。」

「差別をとらえる三つの命題（差別の本質、社会的存在意義、差別観念としての社会意識）をその中でこなし、部落差別の特殊性をあきらかにし、相手及び関係者にとっては、より最高の教育的価値を与えること」

（原文のまま）

「必ず対立する関係におかれている」「特殊性をあきらかに」することが、何を意味するかは明らかであろう。部落問題の解決を言うばあい、部落における自覚と団結、部落外の国民大衆との連帯と統一の行動や実践こそが解放への具体的な過程であることは、解放運動の原則である。そしてそれは、部落解放同盟「綱領」が明らかにしているところである。こうした基本的な立場にたてばわかるように、ここにあるのは分裂の思想である。労働組合が、分裂の思想をわざわざ「附記」するのは何のためであろうか。

私の考えを明らかにするために、長い引用をおこなった。

兵教組がこうした分裂の思想の上にたって、反社会的、暴力利権集団と「連携」することによって、兵庫の教育に何をもたらしたかは、いま但馬でおこっていることをとおしてるるのべてきたし、あとで、私が決定的だと考えていることを述べるが、それは、まさに犯罪的であるといっていい。

本論に返せば、すでに述べたように、いま兵庫県の教育でもっとも大切なことは、公正で民主的な教育行政を実現することである。そして、その公正で民主的な教育行政を破壊しているのが、「解同」朝田派であり、それと「連帯」する県教委であることは、この文章をとおして述べつづけてきたことである。その同じ「解同」朝田派と「連携」している兵教組に、公正で民主的な教育行政を実現するための取り組みを期待することは無理な話である。

そのことを決定的に証明してみせたのが、「朝来支部橋本問題、八鹿高校問題に関する兵教組見解」であった。こうした日本の民主主義、民主教育の試金石とも言われる問題について、真実をみず、争点をはずし、なおかつ、反社会的、暴力利権集団としかいいようのない特定団体に「連携」すると言うのであるから、私は言うべき言葉を知らない。

7.「解放研」と子どもの行方

ここ一年間、但馬でおこっていることをみていて、一番恐ろしいと感じたことは、真実が知らされず、言論の自由がないところでは民主主義が根底から破壊されるということと、「解放研」を中心に、大変な事態がつくられているということである。ひとことでいえば、子どもをどこにひっぱっていこうとしているのか、ということである。

まず現状からみてみよう。

すでにのべたように、朝来事件で橋本哲朗氏宅の不法監禁事件に、もっとも「活躍」したのは朝来中学校の「解放研」であった。

その朝来中学校では一九七四年の夏休みに、四日間にわたって、朝から夕方まで長時間にわたる教師のつるしあげがやられている（七月二二日、二九日、八月七日、二二日）。さらに二学期に入って、九回におよぶ「校内確認会」という名のつるしあげが朝来中学校「解放研」によっておこなわれた。

丸尾派の青年行動隊が指揮をとり、ゼッケン、はちまきをした二五〇名ほどの「解放研」の生徒が、「あくびをした」「おくれてきた」「目をそらした」「机間巡視でうしろから机の中をみた」などという、問題にならないことをとりあげ、ハンドマイクを手に一人の教師をとりまき、どなりちらし、渦巻きデモをかけ、彼らのいうとおり「確認」するまでつるしあげる…、こうした、およそ教育の場では考えられないことが、連続して行なわれている。

兵庫県教委に言わせると、この朝来中学校が、兵庫県における同和教育の最先進校だと言う。また町の教育委員会は、「確認会」のさいの昼食用として、全員に幕の内弁当を出したり、ゼッケン、はちまき、「解放研」の旗、ハンドマイクなどを、生徒のいいなりに購入し、与えている。

あるいは隣町の和田山中学においては、一九七四年一一月九日の校内「確認会」では、体育館のステージを背に、ゆか板に教師全員が座ぶとんもしかずに正座させられ、その前に二〇名ほどの「解放研」が、はちまき、ハンドマイクをもって立ちはだかり、全校生徒約七五〇人が教師と相対してこれまた正座、その周囲を「解放研」がとりまき、「こら、動くな」「ちゃんと前をみとれ」と「統制」しながら教師を一人一人つるしあげていった。

さらに八鹿中学校においては、つぎのような状態がおこっている。

沢山の積雪があった日で、一生徒さんが二階からカバンを雪の中に落とされ、先生に取って欲しいと注文された由。先生がスコップで雪を除けながら其のカバンを拾いに行かれる時、其の先生めがけて解放研の生徒さん達が一せいに雪を投げつけられた様子。困って居られる先生を見て、四、五人の女生徒が、みかねて教室から「やめんせえな。そんな事して良いと思ってるのか」と言ったそうです。

たまたま私宅の子の声が大きかったらしく、午後解放研の生徒に呼び出され、学習室に連れ込まれ、人前で恥をかかせた、此の償いは、どうしてくれるんだと耳のそばで何度も言われたそうです。裸にしてやろうかと迄おどかされています。（Iさん）

一〇月一二、一三日の両日「若鹿祭」と称する学校祭が行なわれる為、その準備をして居りました際、（私の長男。中二が）担任の教師の言いつけで、ギターを音楽室に届けるべく、教室を、他の生徒一名と共に出ました。その途中、同級の生徒（解放研）に会い、「そのギターは僕が借りる事になっているからかせ」と言われ、「僕は先生に音楽室に届けるよういいつかって居るから、そのあとで借りて呉れ」と申しましたところ、「生意気だ！」と、三年生の解放研の生徒を呼び、部室に連れ込まれました。引きずり運ばれた上、一五、六名の部員の前で、数名の生徒が、眼部、腹部、後頭部、顔面に、殴る、けるの暴力をふるいました。その為、気絶し倒れたのをみて、バケツで水をかけ、さらに暴力を加えました。その上、身をこごめると、「まだ動ける！」と言い、三たびたたせ、殴りつけ、ぐったりすると、「誰かに告げると、もっとひどいぞ！」と言い、次に、生意気な者とされた生徒を、校内放送で呼びだしたようでした。（Kさん）

これは、二月六日「明るい八鹿町づくりの会」の太田垣敏雄代表幹事を団長とする代表二一人が、文部省や各党に要請するために持参した、八鹿中学校「母親の手記」にのせられているものである。ここではイニシャルだけをだしたが、すべて住所、氏名まで明らかにされている。

次のものは、八鹿町と和田山町にはさまれている養父町立養父中学校の父母が、八鹿高校の教師に出した手紙の一節である。

その日二二日には養父中学生解放研も糾弾会に動員されて行ったのです。二三日中学校で解放研の生徒が片山先生と四方先生外もう一人の先生をなぐって来た。

その時すでに先生は立っておられる事は出来ずぐんなりしておられたと、さもほこらしげにしゃべっていたと…。他の子供達はとても恐ろしがって大分たってから、私宅の中学生の子供はその事を話しました。

実はその少し前私の子供も解放研に参加しないという事で解放研の生徒に竹の棒で耳の後をきつくたたかれ、外科医に五日間通院して、後遺症のおそれがあるかもと、一時はびっくりして、他の同様に被害を受けた生徒の両親と共に、学校にどのように言ったものかと色々と悩んだものです。

現状はこのくらいにしておこう。

どうしてこんな無法な蛮行が中学校内でまかりとおっているのか。ひとつは、ここでは「解放研」といっているが、そのなかの部落出身生徒の多くは、「解同」南但青年行動隊に入っており、「解放研」への批判は、そのまま青年行動隊への批判とされ、朝田理論でいう「部落差別の意識は空気をすうように一般的、普遍的に存在する」から、部落の者の「非行」を批判すること自体が差別意識を助長することになる、として糾弾の対象にされるから、誰も彼らの行動を批判しない。

次に、「解放研」が校長直属の部とされ、また町教委から財政援助をうけているように、彼らの無法な蛮行が公認され、援助され、県教委がそうであるように、最も進んだ同和教育であると賞賛されてきた。すなわちこうした行為が結果的には奨励されてきたこと。

第三は、こうした傷害事件がおきていながら、学校当局や町教委がかばいたて、警察のとりしまりの対象にしないため、「解放研」の生徒には、何をしてもいいのだという気持ちをもたせ、他の生徒や住民には、泣きねいりするしかしかたがない、という気分をはびこらせてしまったことである。

その結果、子どもたちは、どうなっていったか。さきほどふれた「明るい八鹿町」の会の代表団に、朝来町のAさんは、永井文部大臣にあてた手紙を託したが、そのなかには、生徒の状況について、次のように書いている（Aさんも本名を出している）。


先生が今日は何々のテストをすると言っても、今日はやめだと生徒が言えばそれで中止となる。運動会のプログラムも生徒の思うままで、各学年の徒歩競走も一位、二位、三位、と順位がつくのは差別だと言うことで、昨年の秋の運動会から取りやめ、廃止されたそうです。菊の花が咲いた、一つ、二つ、三つ、四つ、この四つが差別語だと言うそうで、何一つ言うにも気を配らねばなりません。中学生も喫煙する、盗みをする。それだけではなく、文房具やその他色々、中学生が小学生をそそのかしてやらせることもあるときいています。生徒は先生に対して先公とか先生の阿呆とか平気で言い先生も決してとがめない。注意したら地区の者を差別すると怒り、とっちめられて糾弾された先生があります。先生に何かがあると、授業そっちのけにして先生をとり囲み糾弾会は夜までもつづく。生徒の食事は行政があてがうそうです。

行動が荒れ、基礎学力が落ち、社会的な常識をくずしてしまったこの生徒たちの将来は、いったいどうなるのであろうか。私は、ちょうど第二次世界大戦中、中学生であり、そこでの国家主義、軍国主義の教育で偏狭な人間に育てられ、それからの脱出が容易でなかったことを考えるとき、人ごととは思われないのである。「狂気」としかいいようがないミリタリズムの洗礼をうけ、まるごとそれを信じ、もっと大きな立場にたてとさとす父母と対立してきた私の中学時代を思うとき、この少年たちをどこに引っぱっていこうとしているのか、と叫びたくなるのである。

8. 公教育の再確認を

私がもっとも気になることは、こうした生徒たちを、公教育のなかで育てているということである。しかも同和教育の名前において。

朝来中学校の「朝来中学校同和教育の歩み」(昭和四九年九月)によると、「解放研とは—部落差別に怒りを感じ、部落差別をなくするために、自ら立ちあがった生徒たちによってつくられた。その解放研は、

イ　部落差別を見ぬき、許さない方向で、一人一人が差別に立ち向かう力をつけるための学習を積み上げる。

ロ　希望学級(解放学級)、集中学習(同和学習)、教科学習などでの、教師の差別性をとりあげ、確認を

行なう。

ハ　解放への輪を広げる他校との交流学習会をもつ」としている。

和田山中学校の「解放研」は、「学校直属の部とし、町の別予算とする」位置づけのもとに「部落差別に怒りをもち、部落差別の解消につながる一切の行動を組織し、部落差別と闘うことを目的とする。

①　同和教育の教師の姿勢点検

②　部落外の生徒の同和教育の定着度を点検

③以上①②の行動によって、部落差別の解消のための部落解放理論を体得する」としている。

いずれにしても、教師の「差別性」「姿勢」の追及に重点がおかれていることがわかるであろう。しかもこの場合「部落解放理論」、すなわち「朝田理論」によると、差別を残してきたのは行政であり、教師はその行政の末端である。学力の低いのも、「目の玉のかがやかない」のも、教師のとりくみの不充分さからきており、それらはすべて「差別性」のあらわれである。それを見ぬく力をつけ、行動に立ちあがり、教師の「姿勢」を追及するのが、部落解放の学習であり行動である、ということになる。

一生懸命に学ばなければならない年代の子どもたちに、勉強が出来ないのも、やる気をおこさせないのも、すべて教師の責任であるとして、それを追及するのが「最高の学習」だというように思いこませてしまったらどうなるか。

まして「解同」丸尾派の「指令」によって、他校の教師を「糾弾」に行き、八鹿高校事件ではかなり多くの中学「解放研」の生徒が、あの身の毛のよだつような蛮行に直接参加しているのである。寒気をおぼえるのは私ひとりではあるまい。

さきほど引用した父母の手紙には、こう書かれている。

「養父中解放研のある生徒は、他の生徒の前で、八鹿高校に入学するのだ、無理にでも、つまり枠外入学ででもと公然と言って、大学には行かないから勉強しなくても、解放研を一生懸命に育てて、もう一度、中学校のように先生を糾弾して、高校でも中学校のように、自分達の思いのままになるようにしてやるのだ、といっているのです」

教師を糾弾するために高校へ行く――。

象徴的な話ではなかろうか。

この生徒を問題にする前に、誰がこうした生徒をつくったのかを、まず問いただすべきであろう。

朝来中学校の「解放研」を問題にする前に、兵庫県一の同和教育の推進校だとほめたたえた県教委をこそ、問題にすべきであろう。

言うまでもないことではあるが、学校における同和教育は、公教育として実施される。その公教育を、同和教育の名前で破壊し、「糾弾するために高校へ行く」生徒をつくりだしていったのは誰であったか。それを助けたのは誰であったか。

もしかりに、兵教組朝来支部と橋本先生、八鹿高校の教師と生徒たちが、あの勇気ある行動をとらなかったら、いま但馬の教育はどうなっているであろうか。但馬の住民の生活はどうなっているであろうか。

そしてそれはまた、もっとも人間らしい行動をとったのは誰であったか、という問題でもある。

同和教育の行方を考えるとき、このこと、すなわち人間としての行動を大切にし、教師と生徒が信頼しあって、民主的な人格を形成し、基礎学力をきちんと身につける教育実践を創造的に発展させることが、何よりも大切になる。

八鹿高校の教育実践は、まさしくそのようなものであった。同和教育は、そうした民主主義教育の一環としての教育実践であることを忘れてはならないのである。

それにつけても、教師がしなければならない、そういう教育実践を破壊し、教師と生徒を対立させ、生徒同士を分裂させ、にくしみ合わせたのは誰であったか。

八鹿高校事件で県教委がはたした役割は、まさしくそうしたものであった。県教委が事件で直接はたした共犯者としての役割と、その県教委が、ここ三年間進めてきた、新しい差別をつくり、分裂を助長する教育行政とはけっして別のものではない。

かつてはすぐれた同和教育の実践者であった、山岡君が姫路商業高校の教師たちにした指導と、同じく前田君が八鹿高校事件に直接加担したことも、いわば、県教育行政の今日のあり方からすれば必然的なことであったといえるであろう。

一九七〇年代後半の同和教育を考えるとき、八鹿高校事件の与えた影響と提起した問題は、はかり知れないほど大きい。

とりわけ、誤った運動と、誤った行政が「連帯」した、すなわち、ゆ着・野合した兵庫県の状況は、それが日本の子どもたち、とりわけ部落の子どもたちに、どれほど大きな犠牲を強いるものであるかを明らかにした意味は、重大である。というのは、それは兵庫県だけの問題ではなく、いまや、全国的な問題であるからだ。

この場合、教職員組合の役割がどれほど重要であるかは、ここで再び、兵教組の例をもちだすまでもないことであろう。

公教育として、しなければならないことをきちんとし、してはならないことは、たとい、どんな圧力があろうと断固として拒否する、その勇気ある行動が、いまこそ同和教育に求められているのである。

八鹿高校の教師と生徒たちが、私たちに身をもって教えてくれたことは、まさに、このことであった。

（『部落』一九七五年三月号）

三　ぼくらの部落研のあゆみ

京都府立綾部高校部落問題研究会

はじめに

一九六三年九月二十八日、綾部高校に部落研が創設され、活動を開始して以来約九カ月を経過しました。綾高に部落研を生み出す大きな動機となった昨年の〝高校生討論集会綾部アピール〟以来丁度一年になります。私達は綾高部落研の発足に大きな胸のふくらみをおぼえ、希望と期待をもって、この活動に参加して来ました。そして学習や討論、話し合いや各種の集会に参加するという実践を通し、私達はいかに部落問題について眼を開き、部落の実態を科学的に知り、いかに差別の根源と、その矛盾を社会のしくみの中に知ったことかわかりません。しかし私達は、学習と実践を進めて行く中で、種々な問題にぶち当りました、私達は悩み、苦しみ、あるときは悲しみ泣きました。問題の困難さを知るにつけ、絶望的な気持にすらなることがありました。その中で私達は、部落解放や差別撤廃の科学的な理論を知り、実践してゆくことは、同時に人間性の追求でもあり、一人一人の自己自身の変革であるということすら感じはじめています。

私達はこの九カ月をふりかえり、活動をすすめるまでどんな問題にぶち当り、それにどう対処してきたか、あわせてその成果を総括し、今後の私達の方針と課題を明らかにしたいと思います。

1．部落研の直面してきた諸問題

部落研内部及び生徒集団をめぐって

部落研クラブ員三十数名のうち、約半数余りが未解放部落出身でない生徒であって、同じクラブの内部で未解放部落出身の生徒と、そうでないものとの間に、活動をすすめて行く中で、深刻な感情対立を見ることがよくありました。今日でもなおこの対立は十分に克服されたとは言えません。部落の生徒は積重ってきた苦しみを「いくらあなた達に言ってもわかってもらえない」といい、「どうせわかってもらえないんだから」と口を閉じてしまうのでした。また部落出身でない生徒からは、「クラブの空気が重苦しくて楽しくない」とか、「何でも私達に話してくれたらよいのに」「私達を信じてくれない」などの反発も起りました。私達は部落出身である、ないのちがいを越えて、部落差別に許せない憤りを感じ、解放の闘いをすすめようとして集った仲間のクラブであるのに、その仲間同志で対立しあうという悲しい事実に直面し、何回となくねばり強い話し合いを進めて行きました。その結果「もっともっと部落の実態を知る必要がある」「部落でない生徒は、部落の生徒が重い荷を生れながらにして背負っているという事実をもっと理解する必要がある」「心のへだたりをなくすために、とことんまで話し合う必要がある」等の意見が出されましたが、とくに「私達はお互いにもっともっと深く学習する必要がある」という結論に達しました。

私達は部落研の「基本方針」の中で、「部落の発生、成立発展の歴史を科学的に解明すると同時に、現代の社会における矛盾―差別制度から生じる諸々の社会問題と部落問題との関連を正しく社会科学的にとらえる」ことをかかげています。つまり支配者たちが、出来るだけ働く人々を低賃金で使うためには、多くの差別制度をつくって、国民を分裂させ、互いに対立させておくこと。また多くの貧しい人達がいること、さらに都市では働く職がなく、また農村では働く土地がないという、低い苦しい生活条件を強いられた未解放部落を最底辺としておく必要があったのであり、だから部落差別の解放は国民一般の中の諸々の差別をとりのぞき、生活の向上や権利をまもり、貧困からの解放につながるのであり、部落と一般と対立することは誤りであること、両者はまったく同じ立場なのであり、共通の利益である生活の向上、差別の撤廃のために手をつなぐことができる、ということを確認しあいました。そして更に、私達の身近な学校生活の中での差別についても、それが、部落差別と全く同じしくみの中から生じて来ていることを知る必要があるという結論に達しました。

更にこの対立と分裂の危険は、部落研内部だけでなく、部落研と二千名全校生徒の間にもありました。「部落研、社研、朝文研のものはアカだ」という攻撃、「部落研はこわい」また「差別なんかしていない」「劣等感だ」「ひねくれている」など、心ない言葉がクラブにふりかかってきました。その中で部落研のクラブ員の心も動揺して「いろいろみんなから批判されるからクラブに入るのはいやだ」「部落研に入ったら部落の者だといわれる」「友達から離れそうな不安を感じる」などという言葉が吐かれ、去っていく仲間が出たりしました。一時は、もうクラブがつぶれるのではないかとすら思われる時もありました。しかし、他方「私達クラブの活動を理解し支えてくれる仲間も沢山いる」こと、「今の学校にはテストはあっても教育がない」こと、「何のために勉強しているのかを知りたがっている」こと、「毎日の生活に数々のなやみや不満をもっている」こと、その中で私達部落研のやっていることは、一体何の意味があるかを知ろうとしました。試験の成績が人生を決定し、人間の上下を区別してしまう今の制度、一点でも多くとろうと、友達と激しい競争をし、友情を破壊していくテスト体制、就職、進学の差別教育、劣等な教育環境やすしずめ教室等々、こういう問題が、部落問題と取り組んでいく中で、部落を生み、存続させ、更に再生産しているのと同じところに原因をもっていて、共通の仕組みから生じていることを知り、私達がしていることは、二千名全体生徒、共通の悩みや、苦しみに通じる問題であることを確認することによって、自信をもつことが大切であり、未来に対する明るい展望をもつことが必要であると結論しました。そして私達は「綾高同和教育の中核的存在となると共に、同和教育実践の拠点となる」と共に「未解放部落の生徒の組織化に努め」「同和教育が学校全体の基本的な教育の姿勢となるよう教師、一般にも強く働きかける」という部落研の基本方針に基づいて自信を持って、活動を進める事を確認しました。

父母地域をめぐる問題

部落研活動に対する地域・父母の側からも、概して批判的でクラブ活動を困難にさせました。部落でない父母からは、「そんなことをしていたら部落だと思われるからやめろ」「アカだと思われるからよせ」「そんなことはやってみても、どうなるものでもない」といわれ、未解放部落の父母からさえ、クラブに入っている生徒に、「そんなクラブに入っていやがられるよりは、やめた方がよい」「部落差別は封建的観念として人の心に残っているだけだ。そんな活動をするのは、部落を再生産するようなものだ」と反対意見が出ました。また顧問の先生宅へも父母がいって、「部落研は解散させるべきだ。うちの子は、クラブをやめさせる」といって、同じ仲間が、親の反対に会ってクラブを止めさせられることもありました。もちろん父母の中にも反対ばかりでなしに、「どんどん活発にこのクラブをやってほしい」と大きな期待を寄せられる父母もありました。

しかし私達は、大人達の部落―その他の社会の様々な矛盾、不合理、差別が、現にはっきりとあることをみとめながら、その矛盾とはっきり対決して、それを正していこうとしないで、現状をそのままにしておいて、その中でうまく生きていこうとするずるさ、利己主義、これには、納得できませんでした。そこには、人間を大切にするという心がない、科学と合理性につらぬかれた批判力がない。私達は何のために高校へ来て勉強しているのか。実は、その矛盾を認識し、矛盾と対決する能力をもった人間になること、いかに生きるかを知った人間になること、人間を大切にする本当の心をもつことを学ぶために高校へ来たのだということを、私達は部落研の活動を通して知ったのです。

部落研と教師集団をめぐる問題

最後に学校の先生や学校の体制についてふれておきたいと思います。綾高部落研は、やはり同和教育を熱心に推進しようとする先生たちの強い支持と援助の下に生れ、今日まで発展したことは事実です。しかし、教師全員の温い支持というわけでもなかったのです。「部落研に入っていたら就職できない」とおどかす教師もいました。また或る教師は「そんなことしていたら勉強ができなくなる」と暗にクラブを止めろとすすめました。「がんばって勉強して、みんなに認めてもらうのが、部落をなくする道だ」という教師もありました。またホームルームの討議の中で、「部落の者と結婚したらカタワが生まれる」とある生徒が発言し、それを聞いた部落の生徒が、「先生、それは本当ですか」と質問すると、「そんなことは知らん」といった教師もありました。また部落研の話し合いの中から、進学コースで教えるときと、就職コースで教えるときと、教師はその考え方、態度がちがうということが持出されました。あるいは、教師は「今年の学年はよかった」とか「悪かった」とかいいます。その基準が成績が良い悪いであり、京都大学へ何人合格した、多く入ったか入らなかったが、基準になっていることがよくあります。こういう言い方は、生徒という集団の中に差別を持込み、分裂させる働きをしているのではないでしょうか。道徳教育、学力テスト、能研テスト等、教師がおしつけられ、教師はまた私達におしつけるという形で、差別は学校生活を暗くし、破壊されていきます。しかし綾高には、そういった暗い面ばかりでなく、明るい面もあります。昨年の就職差別事件、部落研発足以来、校内にも着々同和教育の体制がしかれ、本年度からは、全校生徒を対象にホームルームで同和問題を年間計画で取り上げて、討議をふかめることになっています。私達部落研のクラブ員は、この同和教育の中核的存在として、ホームででも強く発言し、ホーム討議を活発にすすめていく推進者になろうと申し合わせています。また、このホームルームでの同和問題を取り上げるについて、私達はその責任者である校長との話し合いを重ねてもち、やる限りは正しく徹底的にやってほしい旨を申し入れました。

2. 部落研活動を通して得た成果と今後の課題

私達部落研は、部落差別に根ざす諸々の苦しみ、怒り、悩み、また人間としての権利意識に基づく憤りから、部落研をつくり、部落問題にとりくんできました。部落研を発足させ、発展させ、その活動を支えて来たのは、この怒りであり、苦しみであり、悩みがそのエネルギーとなってきたのです。しかしこれだけにとどまるならば、私達に発展はありません。事実私達は、いくどか絶望感におそわれ、問題のむずかしさ、数々の障害の中で、解決の見通しのつくことのない泥沼の中におかれたような焦りや、自分達のしていることの意味が時として見失われがちになり、深い虚無感に見舞われることすらありました。しかし依然として部落はあり、数々の差別は現実として眼の前に、或いは私達の体の内にありました。その事実に眼を向けて、私たちは討議し、学習をしていく中で、私達はやはりそれなりの成果をあげることができました。即ち、

(1)部落に代表される数々の差別は、自然に発生したり、何かさけがたい理由があって出来たのではなくていつの時代でも時の支配者によって、大衆支配の必要上制度的につくられたものであることを知ったこと。

(2)部落問題という特殊な問題があるのではなく、さまざまな差別、貧困や失業や、教育上の諸問題、平和の問題、学校生活におけるさまざまな悩み苦しみが、いずれも同じ共通の原因から生じていることを知り、部落解放はそのまま、労働者の解放、国民解放、生活の向上と人間としての権利回復の道につながるものであることを知ったこと。

(3)社会のもろもろの矛盾を受け入れて、それを頭からあきらめて、それに適応して、利己的に生きるのではなくて、矛盾を矛盾としてとらえ、その矛盾をどの方面に、どんな方法で解決したらよいかを知り、矛盾と対決して生きていく勇気と能力をもつことが、わずかでもできるようになり、それが真に自己を、人間を大切にすることなのだと言うことを知って、生きる喜び、未来への明るい展望をもつことができるようになったこと。

(4)私達が毎日学校で勉強している意味が、ただ単に大学入試や就職のためなのではなくて、豊かな個性

や人間性を養い、科学的にものごとを考え処理し、実践力と批判力をもった人間として、歴史的社会の中の一員として果すべき使命をもっていることを自覚するところにあると悟ったこと。

（5）部落研の活動は、生活の中に部落問題に対する関心を高め徐々ながら、一般生徒の認識を深めつつあるということ。更に教師に同和教育の推進の方向に向わせ、学校の中にもその体制が着々としかれつつあること。

（6）私達部落研の発足と実践をすすめて行く中で、例の「ある女子高校生の手記」が生れ、それが京都教職員組合より冊子になって発行されました。更にこれを偶然にも週刊誌『女性自身』が取り上げ、前記の手記が紹介されました。このことは全く偶然の出来事でしたけれど、全国各地の読者から激励と共感の手紙をぞくぞくともらいました。そしてこの事実が私達にとって大きな励ましとなったばかりでなく、同じ悩みや苦しみをもつ仲間が沢山いるのだということ、私達の活動が多くの人達に支えられていて、これほどな反響を呼んだということに、今更の如くに私達の活動の意義を確認しました。

（7）私達は基本方針に示されている通り、過去九カ月関係のある各種の集会に積極的に参加し、可能な限り日頃の学習や討議、話し合いの中から生れた記録などをプリントして、発表したり、意見を述べるよう努力してきました。去る五月二十三日福知山での、府立高校同和教育研究会にも十九名参加し、また綾部市小・中学同和教育研究会にも特に綾高部落研の参加を要請され、私達は校下の小・中学校の先生に同和教育の推進を訴えました。そしていつも参加された先生方から、暖かい励ましや、助言の言葉や手紙をもらって来ました。「君達部落研は全くすばらしい。しかし私の学校の生徒の中にも君達と同じ可能性をもっているのだという確信がもてた。私も学校へ帰ったらこの感激をもって一生懸命やります」と。

以上、不十分ながらも過去九ヵ月の活動の中から程度の差はあっても、部落研クラブ員の一人一人が感じとってきた、成果の最大公約数とでも言うべきものだと思われます。

以上の成果をふまえて、私達部落研の今後における課題というものに、ふれておく必要があります。

(1)私達は、今日まで、先にふれましたように、部落差別に対する怒りや憤り、苦しみや悩みを何とか解決しようという意欲が一つのエネルギーとなって、活動を支えてきました。このエネルギーは大切で、また差別がなくならない限り絶えることもないと思いますが、しかしこれだけではいつまでも進展は望めません。やがて息切れがして、活動が停滞する恐れがあります。

従ってこの解放への意欲を更に理論的に裏付けて、正しい社会科学的な知識にもとづいた思想にまで高める必要があります。そうすることによってのみ、より創造的な発展をとげるでしょうし、そのためには学習活動と討議を更に深めることが大切です。

(2)従来ややもすると、理論は理論、そして現実の差別の具体的な事実は、数多く出されるものの、それがとかく、泣きごと、単なるいきどおりや怒り、悲しみに終って、更にそれを掘り下げ、具体的な問題と理論とを結びつけて、把握するという点に欠けていたうらみがあります。私達は、日常生活のほんのささいな差別をも敏感にとらえて、その具体的な事実を掘り下げて考えてゆくこと、たえず身近かな問題を取り上げていくことが、部落問題をみんなの問題とするためにも必要です。

(3)私達は時として、自分達のやっていることの効果のなさに絶望し、虚無感におそわれることがありました。部落研活動の目的、またそれの果す役割をどうとらえるか、自分達のやっていることの意義を正しくとらえ、評価して、自信と明るい展望をもつことが大切です。基本的には部落解放が国民解放、更には人間解放、疎外された人間性の回復に向う運動につながるということを理論的にも、実感としても再確認する必要があります。更に具体的には、学園生活を明るくする道であり、学校での勉強の真の目的、意味を知る道にもつながる。それは、人間の生きる意味を知り、生きる能力を養うことになります。

（4）部落研基本方針にある通り、部落研は「綾高同和教育の中核的存在となり」「同和教育実践の拠点となるべきである」。従って、ただ単にクラブ内の活動にとどまらず、広く全生徒に共通する問題や要求を取り上げて、ねばり強い活動が必要であり、一方綾高には六十数名の未解放部落出身の生徒がおり、その中で部落研に属する生徒は十数名にすぎない事実から、この未解放部落の生徒の組織化が絶対に必要な今後の課題であると、私達は考えています。

3. 部落研の今後の取り組みの基本方針

綾高部落研のいわゆる「基本方針」及び以上の総括の中ですでにこんどの方針は明らかにしているわけですが、いま一おう整理して活動の方向づけをしておきたいと思います。

先ず基本的な考え方として、部落を再生産しているものは何かを更に明らかにして、それと諸々の社会や人間の矛盾や差別を生んで、国民生活を破壊し、その中に分裂、差別を持ち込んでいるものとが、全く根源を一つにしているのであることを明らかにし、部落問題が特殊問題でなく、広汎ないろいろな民主的運動と結びつけて運動を発展させます。

具体的には、全入、すし詰の解消、能研テスト反対、教育費の軽減、完全就職等の我々高校生の教育と未来を保障する要求として活動をすすめていきます。

部落の実態を更に深く知り、理解を深めると共に、未解放部落の生徒の要求と集団を組織し、差別を差別として敏感にとらえつつ、その差別の中で生きる不屈のエネルギーをたかめるために、理論的な認識を深めていきます。

部落を解放するために私たちが今うけている教育のなかみを点検し、明らかにしていく必要があります。教育の行政はもちろんのこと、教師の姿勢も問題があります。平和な民主的な教育の方向に向かっているか、事実をねじまげ、真実をおおいかくし、権力でおさえつけようとしていないか、科学的に考える力、批判力をもたず、権力の意のままになる人間をつくる教育内容や、制度ではないかどうかをいつも点検していきます。

そして、以上の活動を積極的にすすめていくためには、各種の団体組織や仲間と積極的に経験交流と討論の場をもち、できるだけ統一と団結の方向に進めていきます。

（一九六四年六月）

四　高校部落研活動の二〇年

石田眞一

1．学習と交流の輪をひろげて

一九六四(昭和三九)年一一月二二・二三日の両日、京都府立朱雀高校において第一回全国高校生部落問題研究集会が開かれた。「青年の未来と部落問題について学習と交流を深めよう」という集会テーマを見つめる全国一二五校・一〇〇〇余名の高校生の目は輝いていた。あの感動的な全国集会から二〇年が経過したのである。高校生部落研活動の二〇年の歴史は、そのまま、若ものたちの手による部落解放への歩みであったといえよう。

高校部落研が全国的な交流をはじめるようになった背景には、当時の教育と運動の新しい高まりがあった。その第一は、部落の子どもの高校進学率の向上と、部落解放運動の発展のなかで、自覚ある青年・高校生が育てられてきたことである。例えば、この第一回全国集会の開催された一九六四年四月、京都府下公立中学校卒業生の高校進学率は七二・六％であるが、部落の場合は三八・六％であった。今日から見れば大きな格差のある数字であるが、それでも、三人に一人以上が高校に進学するようになっていたのである。戦後の長欠・不就学の実態から見て大きな前進であった。京都府の場合、この二年前から独自の修学奨学金制度を発足させていた。これは、父母や教師たちの切実な要求にもとづくものであった。また、一方では、子ども会活動・サークル活動が組織され、高校生もまた学習の中で部落問題に目を開き自覚を高めてきたのである。

第二は、高校教育における差別と選別が強化されるなかで、生徒の自主活動への要求が高まりつつあったことである。この時期、一九六三年一月には、経済審議会の「人的能力開発」政策が答申され、高校では理数科特設をはじめとするコース制の強化、三校交流禁止など自主活動への圧迫といった深刻な矛盾をかかえていた。こうしたなかで、「楽しく明るい高校生活」への要求が高まりつつあったのである。

第三に、自覚ある教師集団が、高校生の自主活動を援助し保障したことである。同和教育に積極的にとりくんできた教師たちは、差別に対する科学的な認識を育てることと共に、集団の教育を車の両輪のごとく大切にしてきた。特に、高校生の部落問題への自主的なとりくみを重視し、その活動を保障するため、教育行政への働きかけも行ってきたのである。当初他校との交流は政治活動ではないが、かた寄った活動ではないかという攻撃も受けたが、解放運動関係者もその教育的な意義を評価した。

このような背景をもって、全国各地に、部落問題をテーマとした高校生の研究組織が学校内外に生れた。その一つは、高校のクラブ活動・同好会・サークルとして学校教育の中でとりくまれた。「部落問題研究部」という名称のほか、「社会クラブ」「人文クラブ」「歴史研究部」など多様な呼び名で部落問題の研究にとりくんだ。これらの活動は、『友情と連帯の記録』(京都府立綾部高校)など多くのすぐれた実践記録を生んだ。

いま一つ、高校生が主体的に部落問題をとりあげたのは地域を中心とした組織であった。これは、地域子ども会などで指導的な役割をになっている高校生たちが、自らの学習と交流をめざして組織したものである。

この組織は通学する学校も異なり、困難な点もあったが、地域の問題や学習・進路について話しあえるという積極的な意義をもっていた。

こうした高校生の自主活動の交流に一つの機会を与えたのは、大学部落研の活動であった。この時期、年一回開く「全国学生部落問題研究セミナー」には、大学生のほかに先輩によびかけられた高校生も参加し、その数は年々増加していた。そのようなとりくみの中で、高校生の独自な要求が強く、私もその助言に当ったが、高校生の独自集会をもってほしいという問題提起を受けた。私は、京都の高校教師たちと相談して、一九六二年一一月「全国高校生部落問題研究会連絡事務局」を京都府立朱雀高校におき、全国代表者会議などを経て、第一回全国集会の開催にいたったのである。こうして、高校生による部落問題の学習と交流の輪がひろげられていった。その後、府県・地域の学習・交流組織も生れ、各府県の高校教師らの指導で着実な前進をみた。

2. 学園の民主化をめざして

このような高校生の自主活動のうごきは、一九六〇年代から一九七〇年代にいたる高校教育の動向ともかかわって、学園の民主化をめざす課題と結んでとりくまれた。

第一回全国集会で、京都府立綾部高校部落研の生徒は、就職差別事件を通して部落研を結成しようとした部落の高校生が、生徒大会で切実な要求を訴え、これが大きな感動をよんで全校生徒に支持されたという経験を報告した。また、この学校で部落研に対する中傷の落書をしたことをとりあげる中で、いまの学校は真実を学ぶ場となっているかという問いかけを行い、学校のあり方、授業のあり方に改善を求める運動を展開している。

第八回全国集会で報告された大阪府立河南高校の「授業改善運動」は、部落問題研究部の生徒たちが、多くの仲間や教師と一体となってとりくんだ運動である。「部落問題が授業でとりあつかわれない」「授業がおもしろくない」という声を、クラスから学年へ、さらに全校へとひろげ、「わかりやすい授業」「真実の学べる授業」の創造にとりくんだのである。自主的な高校生の運動として展開したこのとりくみは、全国の参加者に感動をよび、各地にひろがりを見せた。

また、競争・選別の体制がいっそう進行し、教育の荒廃がひろがりつつある中で、こうした問題にも積極的なとりくみをすすめた経験が多く出された。第七回全国集会での和歌山県立貴和高校人尊部の「学園の民主化と部落研活動」、第一三回全国大会で報告された京都府立田辺高校の「学園の民主化と自主活動」、第一四回全国集会の滋賀県立八日市南高校部落研の「三七六人笑顔の学園をめざして」などでとりあげられた問題は、全国の高校にある状況のちがいをこえて共通した課題であった。こうして、生徒の要求を明らかにすること、友情と連帯の輪をひろげること、教師と生徒の信頼をつくりだすことなど、高校部落研活動の中で得た教訓は、全国各地で生かされたのである。

いま一つ、学園民主化の問題と深くかかわった実践に、兵庫県立八鹿高校生徒自治会のすぐれた活動がある。すでに知られているように、あの「八鹿高校事件」を体験した高校生たち、特に生徒自治会の活動は極めて教訓的であった。この事件は、当時の高校部落研活動に参加した生徒たちに大きな衝撃を与えたが、同時に、生徒自治会の活動に大きな確信を与えられたのであった。八鹿高校の生徒たちは、事件当日暴力行為を働いた丸尾らを追及し、一〇〇〇名にのぼる高校生を結集して抗議を組織して教職員をはげました。また、全国にその真相を訴える新聞を発行するなど大きな力を発揮したが、その土台は、日常的な生徒自治会の中でつくられていた。この学校では、平素から民主主義の原則が何よりも大切にされてきた。八鹿高校生徒自治会は、その後も新入生に、自由・自立・平等の精神を伝え、「解放研」の民主主義破壊を徹底的に批判し、真実を貫く態度を崩さなかったのである。このことは、自主活動をすすめるうえでの大きな教訓であった。

高校部落研活動が、学園の民主化をめざし、友情と連帯を深めることを重視したことは、私たちの当初からの指導の方針であった。解放教育を支持する人たちの指導で作られた「解放研」は、部落出身生徒を組織し、部落外の生徒を差別者としてとらえる部落排外主義の立場に立っていたが、これは、高校部落研活動のめざすものとは全く異質のものであった。部落問題について本当のことを知りたい、何でも話しあえる仲間がほしい、わかる授業・楽しい学校をつくりたい。こうした高校生の要求を組織し、学習と交流をはかるのが部落研活動の方針であった。従って、学園の民主化と結び、学級・学校に根づいた活動をすすめたのは当然のことであった。

3. 地域実態調査・地域交流学習

部落問題の学習にあたって、実際から学ぶ、生きた現実から学ぶというとりくみは、高校部落研活動の基本であった。このことは、高校生の現実認識にとって重要な意義をもつだけでなく、戦後の部落の変化と解決への展望を科学的に明らかにするうえでも重要な役割をになった。特に、部落差別の一面的な強調を主張する解放理論の誤りをただすうえでも、大切な点であった。

この二〇年に、全国から寄せられた高校部落研による地域実態調査報告は膨大な量にのぼる。さらに、調査を通して地域との交流をはかる高校生と部落の人たちのふれあいの場も、全国にひろがりを見せている。例えば、第八回全国集会で報告された和歌山県紀北ゼミナールに結集した高校生による、海南地域の「差別の現実から学ぶ地域実態調査」、高知県立小津高校部落問題研究部による「部落の仕事と差別のしくみ」などは注目される報告であった。和歌山県の場合、事前の準備・学習に大きな力がさかれ、教師は地域の協力を得ながら、体制づくりにあたったが、家庭を一軒一軒訪問する調査に、高校生は文字からだけでは味わえない体験を積み重ねたのである。高知県の場合も、一週間にわたって調査を行っているが、造船工業における下請の実態を明らかにしたものが少なく、当時としては貴重な資料となっている。また、高知県立農業高校の生徒は、第二〇回集会で「教科書無償闘争」の大切な聞きとりの資料を整理し報告している。

その後、変化する部落の実態をとらえ、残された課題を明らかにするとりくみが各地ですすんだ。第一七回全国集会で報告された、和歌山県第四ブロック高校生同和サークル連絡協議会の「変化する地域の現状」は、本宮町の長くて暗い歴史をたどり、水平社運動と戦後の解放運動、集落移転の過程を調査する中で、町民の協力のもとで解決への道をきり開いた姿を報告している。

地域実態調査活動から地域交流学習会への展開を示した実践は、岡山県の各ブロックで積極的にとりくまれてきた。第一八回全国集会で報告された岡山・美作地区高校部落研連の「地域交流学習会のとりくみ」では、聞き取りの内容は歴史・生活・被差別体験・結婚などに及んでいるが、地域の人々の交流会から多くのことを学んでいる。「自分自身をふりかえって新しい自分を見つけられた」という高校生の感想は重要な意義をもつものであった。自分の生き方とかかわって部落問題をとらえるという到達点を示したものといえる。調査活動や交流学習がこうした人間的な感動をよんだのは、部落の人たちの語る一つ一つが深い人生の足あとを刻んでいたからであろう。

同じく岡山・備前地区でとりくまれた地域交流学習会では、盲学校・養護学校の仲間とともに加わり、障害をもった若ものたちからも「生きる力」を学びとっている。これは、構成詩劇「ふれあいことば」に結実した。昨年の第二〇回全国集会で演じた、構成詩劇「花いちもんめ—共に生きる故郷を求めて—」も参加者に深い感動をよんだ。

高校部落研活動に参加した高校生たちは、こうして、学習した成果をまとめ、図表に示したり、スライドを作成して学園祭に展示するなど、多くの仲間に訴える活動をくりひろげてきたことも大きな特徴の一つである。しかし、こうしたとりくみにとどまることなく新しい文化創造の活動へと進んだのである。このことは、部落問題に対する認識を深めるということだけでなく、現代社会に生きる人間として何をなすべきかを、行動を通して示そうとしたものである。私たちは、こうした高校生のいきいきとした姿にふれる時、改めてその可能性の大きいことに驚かされる。さきの岡山をはじめ、長野県小諸高校の劇「きりかぶ」、滋賀県部落研連の影絵劇「還ってきた遺骨」、広島県高校平和ゼミナール実行委員会の合唱構成「ヒロシマの少女」、京都高校部落研連の「この炎、燃やしつづけよう」など、文化創造の活動はさらにひろがりを見せている。これらには、退廃文化とは無縁の新鮮さがある。

4. 平和・人権・差別

高校部落研活動の中で真実を見る目を開いた高校生たちが、部落問題をこえて日本の社会に視野をひろげたのは当然のことであった。そして、全国の高校生・教職員の支援カンパによって、第二回全国集会には北海道のアイヌ系住民である高校生、第三回全国集会では当時まだアメリカの占領下にあった沖縄県の高校生を招待し、交流をはかったのである。以後、昨年の二〇回に及ぶまでその交流はつづけられている。北海道の女子高校生は、第二回全国集会で、アイヌ系住民への差別がどんなに深刻なものであるかを報告したが、この集会のなかでこれから自分の歩む方向が分った、仲間に支えられてがんばりたいとのべた。これを契機として部落研の生徒たちは、部落問題以外の差別の現実に改めて目を開いたのである。また、第三回集会での占領下の沖縄県の生々しい報告は、実に衝撃的であった。軍事基地が全県の各地にあり、米軍による人命の軽視・人権の侵害が行われている事実は、本土の高校生によっては信じがたいことであったが、交流を通して確認されていった。そして、祖国復帰をねがう高校生の発言は、改めて日本のおかれている現実を見直す結果となったのである。

一方、広島県の高校生を中心とする平和へのとりくみもまた、新しい課題をきり開いたものであった。平和ゼミナールに参加する高校生は、主に、部落研連の担い手であった。広島の高校生にとって、平和の問題と部落問題とは決して別々のものではなかった。広島市の大規模部落の調査のなかで、部落の被爆者が背負った苦しみを聞きとっていた彼らは、人権と平和といのちを大切にする思想を身につけながら活動に加わっていった。そして、原爆瓦を掘りおこし、記念碑を建てる運動にも大きな役割を果したのである。核廃絶を訴える高校生の五〇字運動は、高校部落研活動の中でも大きな反響をよんだ。

こうして、社会に目を開いた高校生であったが、一面では高校生自身にふりかかる社会的差別の現実に対しても積極的に立ち向った。高校部落研活動の初期、就職差別の実態はかなり多くの問題を含んでいた。例えば、一九六七年の京都・日本電池、一九六九年の広島信用金庫、一九七〇年の岡山・天満屋などの就職差別については、高校生自身による行動が組織され、「高校生の権利をまもる問題」としてとりあげられた。これらの事件の与えた社会的な影響は大きく、多くの注目をあびたが、高校生の要求は、同時に学校の進路指導体制に対しても向けられたのである。学力・進路選択など高校教育の内容が問われたわけである。このことは、働く人間としての自覚をどのようにして確立するかという基本的な問題にせまるものであった。

高校部落研活動がめざした、平和・民主主義・人権・差別に対するとりくみは、現代社会の現実から逃避しようとする傾向の高校生が多い中で、社会の動きから目をそらさないというだけでなく、民主主義の実践者としての歩みを示した点で重要であった。

反核・平和・人権の課題は、今日では全世界的な課題となっている。しかし、高校部落研の生徒たちは、これを抽象的に論じたのではなかった。夏休みに炎天下を被爆者の家を訪ねて聞きとり、戦争の中を生きた農民と深夜まで語りあい、沖縄県の高校生から基地の話をきき、アイヌ系住民である北海道の仲間からも人権の侵されている実態をききとっている。そうした中から、現代の若ものに何ができるか、何をしなければならないかをさがし求めてきた。パネルによる展示、劇や歌にして訴えることも、その方法の一つであった。こうしたとりくみの過程を通して、現代に生きているという充実感を得ている。日々の受験競争に追われる高校生にはない、新しい自分を発見していくのである。高校生のもつ可能性がここで試めされたともいえる。

5．二一世紀をめざして

以上のような、二〇年に及ぶ高校部落研活動の実践と教訓は、ここですべてを書き表わせるものではない。この外にも「びわ湖をとりまくすべての高校に部落研を」とよびかけた滋賀県の全県的なとりくみ、三重県松阪市の高校生の交流学習のねばり強いとりくみ、地域実態調査活動にとりくむ山口県の活動、困難な条件のもとで県集会を組織する長野県など、それぞれ貴重な教訓を生んでいる。

この二〇年、部落問題をめぐる状況も大きく変化し、解決への見通しをもちながら、残された課題にとりくむことが求められている。また、教育臨調のもとで、高校制度の改悪がすすめられようとしている時、高校教育の民主的な発展が強く望まれている。それだけに、高校部落研活動の歴史的な教訓を明らかにし、新しい発展をめざすことが必要となっている。いま、ここにこれからの課題をかかげ検討を求めたい。

①広く学習活動を組織し、さらに発展させる課題について

高校部落研活動を通して、部落問題の歴史と現状・解決への展望について調査し、学習を深めたこと、さらに、人権・民主主義の課題と結んで学習を展開した経験は貴重な実践である。

いま、受験競争のもとで、偏差値中心の管理された学習に、ついていけない、面白くないという高校生の深刻な実態がある。こうした状況にあるだけに、学習目的を意識化すること、学ぶことと生きることを結び学習の組織化をはかること、学習の集団的・共同的な側面を重視した集団思考の積みあげを行うことなどが強く求められている。高校部落研の部落問題学習は、こうした学習活動の基本的課題を解明してきたが、改

めて、学ぶとは何かを生徒とともに深める教師集団の援助を必要としている。こうした原則にたった学習活動の組織化がいっそう望まれる。

②自主活動のもつ積極的な面をさらに、発展させる課題について

高校部落研活動を通して、友情と連帯の強い絆をつくりあげ、さまざまな困難をのりこえた成果は高く評価される。二〇年前には、高校部落研活動に加わることがたたかいであった。親たちや学校当局からさえも支持されないなかで、その活動をひろげることが出来たのは、自覚的な仲間に支えられているという確信があったからである。

いま高校生は、いきいきとした高校生活、楽しい高校生活を切実に求めている。しかし、そうした要求が自由にだしあえる自治的な集団の組織化は容易でない。高校部落研活動の中で、仲間を組織することのすばらしさを知った高校生は数多い。そして、こうした活動を通して、もう一人の新しい自己を発見し成長してきた。また、自分たちが感動し思考した人間のあり方を、さまざまな形態の文化活動の中で開花させた。こうしたエネルギーをどのようにして引き出しのばすのか、いままでの成果の上にたって今後のとりくみがさらに要求される。

③高校部落研活動を支える教師の役割を、いっそう強める課題について

二〇年におよぶ高校生の自覚的な活動が今日まで継続されてきたのは、これを支えた教師集団の力があったからである。この間、不当な介入・干渉も行われ、集会参加の妨害を受けたこともあった。しかし、これを断乎として排除してきた。

その後、高校生の生活・意識も変化し、部落問題へのとりくみも、新しい観点を必要としている。教師集

団もまた、新しい教師たちを迎えている。こうした中で、今日までの歴史的な遺産を伝えるとともに、現代にふさわしい指導の内容と方法を編みだす必要がある。これからの高校部落研活動は、平和・民主主義・人権・差別を今日の高校生の目でとらえることが求められている。同時に、教師自身に解放への展望を明らかにするよう求められているのである。

高校部落研活動は、同和対策審議会「答申」の出される前、一九六〇年代前半期から始められた自主的・民主的な教育活動であった。六〇年安保闘争を契機に高揚した高校・大学での自主活動が、その直後から抑圧されつつあった時期、こうした圧力にも屈することなく二〇年の歴史を築いた。このことは、部落問題の解決にとっても大きな力となり得たが、同時に、後期中等教育の民主化の観点からも、重要な教育的意義をもつものであった。

二一世紀に差別をもちこさないために、青年のエネルギーをどう組織するか。広範な高校生にどう働きかけるかがこれからの大きな課題である。今年は国際青年年、改めて青年の果たす社会進歩への役割を大きく前進させたい。

終章　八鹿高校事件を理解するために

東上　高志

八鹿高校事件を究明するさいに、必要にして不可欠の研究課題二つを特定した。

一つは、事件を逆転させたと言っていい、あの高校生たちの行動はどこから生まれたのか。

二つは、あの蛮行の根元はどこにあったのか、だ。

第一の課題の答えは、八鹿高校の教育にあったことは間違いない。しかし、その具体像は何だったか。それを追求したのが、当時の教師・生徒諸君と協同した、「八鹿高校事件から半世紀」の連載だった。それは将来の「八鹿高校事件研究」の素材でもある。第二の課題についても素描だけはしておきたい、と考えたのが本稿だ。そしてこれは、連載の「補章」でもある。

資料としては、「公正・民主的な同和行政と地方自治・教育・人権を守る兵庫県共闘会議」（『八鹿・朝来暴力事件と裁判闘争』一九九六年、Ａ５判三九三頁、筆者担当者土井大助）がある。

一　行政闘争

水平社発足以来百年を越える部落解放運動史を特長づけるひとつは、「行政闘争」だ。

発端は、「オール・ロマンス闘争」にある。よく知られている、京都市長の前に市内全図（地図）を拡げさせ、市民の困窮が集中している地域を、それぞれの担当課長に特定させたところ、八地域に集まった。そこがすべての同和地区だった、というあのエピソードだ。

なぜ、そんな不思議なことが起きたのか。それには、歴史的な経緯がある。

「解放令」として知られている賤民廃止令が出されたのは、一八七一（明治四）年八月のことだった。

それは明治政府の地租改定という、全国すべての土地に税金をかける（社寺地や武家地など無税地をなくす）事業の一コマだった。無税地廃止を布告した九日後に出されたことからもわかるように、部落問題の解決を意図したものではない。「社会外」とした無税地（というのは距離に数えられていない）それを無視できなかった、というのが本当のところだ。

「解放令」によって、皮革製造など、差別と結びついた仕事も「解放」されて資本の対象となり、部落住民の生活に打撃を与えた。「解放令」を出しながら、行政的に何の「手当て」もしなかったことにより、資本主義社会の「悲惨」を「形成」することになる。そうした部落の生活が、賤視観念を助長した。

これもよく知られていることだが、戦前においても融和事業の名で同和対策事業が行われていた。だがそれは「焼け石に水」で、「封建の野蛮と文明の悲惨」と表現された部落問題を戦後に持ち越すことになった。

「オール・ロマンス闘争」には、隠された特長がある。それは本格的な同和対策事業にとりくまない高山市長に対して、それをめざして、実態を調査し、必要な事業計画をたててきた担当者（担当の局長や課長など幹部職員）が、部落解放委員会京都府連合会とタッグを組んで遂行したという事実だ。ひと言で言うと、行政のトップを屈服させて、同和対策事業を実施させる「戦術」だったといっていいだろう。

この勝利によって、京都市は同和対策事業の全国的な「先進地」となった。解放委員会は、これを「行政闘争」と名づけ、部落解放運動の「基本的な闘争形態」とした。

その後の経過を述べる前に、戦後初期の部落解放運動の組織実態にふれておく。

部落問題研究所の常務理事で当時の部落解放運動の全国的な指導者（全国オルグ）三木一平は、次のように証言している。

「この時期の運動の組織というのは、京都製靴で働いとる諸君が、即京都府連の会員ということですね。従って、いわゆる民主団体として支部を作るとか、仲間を増やすとかでなくて、利害とかの関係でつながっていく。こういうのは京都だけやなしに、たとえば福岡でも福岡県連というのは、松本組に働いている労働者とか、そういうからみとか、あるいは大阪でも、靴組合の諸君だとか、そういう利害との関係で集まった諸君です。」（「戦後初期部落解放運動の展開—三木一平氏に聞く」『部落問題研究』80輯）

水平社は「無組織の組織」といわれたが、戦後初期の運動体（の組織実態）は、部落の「経営体」に働く人たちを中心としたもので、住民運動でも大衆運動でもない。それが民主団体としての態勢を獲得していくのは、勤評闘争など労働組合との共同闘争のなかであった。

では、なぜ、そうした組織実態と行政幹部が協同して取り組んだそれを、「行政闘争」と規定したのか。それは、市民の「差別意識は、差別実態（無残としか言いようがない部落の生活）の反映である」と断じ、そうした実態を解消しようとしない行政は「差別行政」であるから差別行政に反対して、部落改善にとりくませる「差別行政反対闘争」（略して「行政闘争」）こそが、部落解放運動の基本的な「たたかい方」なのだ、としたのだ。水平社運動の差別をした個人を糾弾する、「差別糾弾闘争」を「止揚《しよう》」した「運動方針」

だった。それは、初期の組織実態と同和対策事業の推進に没頭《ぼっとう》した、「行政と運動の先進地」京都市で「生み出された」（行政に差別の実態にとりくませる）新しい「たたかい方」だった。これが、戦後の部落解放運動を蘇生させたと言っていい。

二　運動の変質と行政

部落解放全国委員会の本部は、東京の松本治一郎の事務所に置かれ、松本のポケットマネーに支えられていた。その松本が公職追放にあい、本部は京都市東七条部落（崇仁地区）に隣接《りんせつ》する解放委員会京都府連と部落問題研究所が同居する小さなビルに移った。研究所が文化厚生会館を建設し移転した時、本部は大阪に引きとられた。

大阪での受け入れ先は、当然、解同大阪府連である。しかし、それは行政が設立した（あるいは設立させた）同和事業促進協議会（同促協）と不離一体の関係にあった。これが運動と行政の癒着《ゆちゃく》の基盤となった。左藤義詮大阪府知事（自民党）は「二十億や三十億で解同を抱き込むことができれば、安いものだ」と発言したというが、同和対策事業が全国的に実施された後の（大阪府連を始めとする）多くの運動体は、その言葉どおりに変質していった。

一例をあげる。解同大阪府連の「意向」によって一九七四年に竣工した大阪市の栄小学校（児童数六四七名）は、総工費七七億円、同時期に建設された同規模の一般校の九億円の八倍以上というデラックスさで、市民を驚かせた。大阪府下の同和事業で建てられた同和校は、一般校の四倍から五倍というのが「相場」だった。なぜ、こんなことがまかり通るのか。それは解同と一体の同促協が同和事業の「窓口」（「受け皿」と言った方が正確）となり、解同傘下の下部組織に独占受注させたからだ。いわば、同和事業そのものを解同が握っていたという状況だった。

　こういう大阪府連のやり方に反対の、あるいはついていけない支部は、幹部が除名されたり、支部そのものが組織ぐるみ排除された。吹田市では、そうした支部を認めない市長宅を三〇〇名余りの同盟員を使って包囲し、水道・ガス・電話を切断するという、「実力行使」を行い、市長を屈服させた。だが警察は（民事不介入と言って）動かなかった。後年、八鹿高校事件にいたる南但馬の蛮行の「初発」はここにある。府民は「昔皇軍いま解同」と揶揄《やゆ》したが、言い得て妙というべきか。

　再び言う。なぜ、こんなことが可能になったのか。戦中・戦後を生きた私は、新憲法下の日本社会の変化、とりわけ国民意識の変化を重視しなくてはならないと思う。女性差別がいけないことだとされたように、部落差別もあってはならないことだとされた。だがしかし部落問題は、特別扱いされた。

　こういう膨大な予算を使う、地域全体あるいは地区全体を対象とする事業は、地域の自治体が受け皿となるのが普通だ。それが、いち運動団体にゆだねられたのは、なぜか。

　行政が、暴力的糾弾（「行政闘争」）に屈した、という面は否定できない。だがそれだけではない。同和対策審議会「答申」には「同和問題の根本的解決を目標とする行政の方向としては、地区住民の自発的意志に基づく自主的運動と緊密な調和を保ち」ながら諸施策を実施しなければならない、という特記がある。

　政府・自民党は、自ら育てた全日本同和会を想定してのことだろうが、解同はそれを盾にして、同和事業の「独占権」を「乗取った」、というのが事実だ。

兵庫県の運動体については、連載第三回「部落問題における兵庫県の位置」でのべた。南但馬の住民を震撼させた丸尾良昭ら解同南但地区協議会が学んだのは、解同大阪府連のこうした「運動」であった。

（本節と次節は、畏友馬原鉄男のすぐれた遺著『部落解放運動の70年』新日本出版社、新書判、1992年、二〇九頁、によった。詳しくは同書をみて欲しい。）

三 「朝田理論」の登場と「全解連」運動の発展

「行政闘争」は、行政と運動が協力して、部落の生活を改善しよう、というものだった。それが解同大阪府連の「実力行使」によって、トップを屈服させる「手段」となった。これが、やがて全国的に猛威をふるう裏には、「解同」そのものの変質がある。

一九六七（昭和四二）年、亡くなった松本治一郎のあとをついで、朝田善之助が委員長に就任した。本部の指導権をにぎると、その「解放理論」（「朝田理論」をさす）が、解同大阪府連を中核に、徐々に本部方針のなかに浸透していった。

「朝田理論」というのは、同和対策事業を最大化させるための「方策」と言ってもいい（運動方針のなかに示されたもので、内容は前記馬原の著書に詳しい）。「日常部落に生起する問題で、部落にとって部落民にとって不利益な問題は一切差別である。」さらに日本国民を「差別される部落」と「差別する一般」と対立させて、「部落民以外はすべて差別者」ときめつけた。

これが丸尾や青年行動隊、中学生・高校生の「解放研」、そして南但地協の「バックボーン」になったと、私は考えている。

しかし、そうした誤った「運動」に対して、解同岡山県連を中心に「解放同盟正常化全国連絡会議」（正常化連）の結成となり、全国部落解放運動連合会（全解連）に発展する。

一九七五年に「国民融合論」が発表されると、部落問題についての国民の風向きが変わり始め、連載の最初にかかげた「国民融合をめざす部落問題全国会議」の結成となるが、その「土台」となったのが、八鹿高校事件を始めとする「国民的な闘い」だった。

それは二〇年を越える裁判闘争をふくむ「八鹿の闘い」を始め、全国的に展開されたものを指すが、まだ充分明らかにされていない。

そうした上にたって、全解連は一九八七年、綱領的文書「二一世紀をめざす部落解放の基本方向」を決定した。部落問題解決の到達目標を示したもので、これまで、どの運動団体も、いや研究者を含めて、誰もが明示できなかったものだ。歴史的文献と言っていいであろう。

四つの指標で示された、その内容を再録しておく。

①「部落が生活環境や労働、教育などで周辺地域との格差が是正されること」

②「部落問題に対する非科学的認識や偏見にもとづく言動がその地域社会でうけ入れられない状況がつくりだされること」

③「部落差別にかかわって、部落住民の生活態度・習慣にみられる歴史的後進性が克服されること」

④「地域社会で自由な社会的交流が進展し、連帯・融合が実現すること」。

以上をふまえた上で、大阪府と兵庫県にかえる。

四　もうひとつの反動「解放教育」

「解放教育」は、解同大阪府連と追随《ついずい》する教育行政によって強行された。中村拡三は、「地域において部落解放同盟の運動と結合することである。それが活動のもっとも基本的な姿勢にならなくてはならない」（「全国解放研と解放教育の課題」『解放教育』一八号）と書いている。

ここでも吹田市の事例（吹田二中事件）をとりあげる。

一九七二（昭四七）年四月、一人の女性教員が「私は部落解放同盟大阪府連合会吹田光明町支部の指導と助言のもとに…積極的に解放教育に取り組むことを誓約いたします」という文書を解同支部長に提出し、吹田市教育委員会に採用され、吹田市立第二中学校（吹田二中）の教員になった。

彼女はその後、職場の民主的な教師たちの援助のもとで、教師としての主体性を自覚し、解同のいいなりにならなかったことから、不当な攻撃を受けることになる。

六月二六日、解同は百数十人の同盟員を動員して学校に押しかけ、この女性教員を一昼夜にわたって監禁、誓約どおりに行動するか、それとも教員を辞めるかと迫った。それだけではない。この日から自主的民主的な同和教育を主張し実践する教師たちにも攻撃の矛先を向け、全校生徒の面前で暴力をふるい、あるいは授業中の教室へ乱入して実力で授業を妨害するなど、教育現場では考えられない無法を、十日以上にわたって続けた。

こうした異常事態に対して、吹田市教育委員会（市教委）と校長はどう対応したか。解同のなすがままに放置しただけではない。それに立ち向かった四名の教師と先の女教師の五名を、夏休み明けの九月、同和教育推進校たる吹田二中の教師として適当でないとの理由で、他校へ転任させてしまった。

続いて大阪市。一九七二年三月、大阪市教育委員会は、大阪市立淀商業高校の四名の教師を、生徒の暴力行為を助長し、非行を積極的に勧め、学校を休校に追い込むほどの行為をした、として懲戒免職の行政処分を行った。

解同大阪府連は七月から一〇月まで「市教委交渉」を行い、処分の「差別性」を追及して、白紙撤回させた。市教委は、教師の個々の行為については反省すべき点があるが、「しかし、その行為の根底には…同和教育を推進しようとする姿勢のあったことが明らかになりました。」と釈明して正当化した。

これが「昔皇軍、いま解同」の大阪の常態だった。

教育現場の日常も、見ておこう。大阪府教育委員会の一九七一年度の当初予算でみると、年間二一億円の指導費の実に八割におよぶ一七億円が同和教育費で占められている。その一つに、一九七一年一二月二〇日現在「『にんげん』等同和教育指導資料活用状況調査」がある。全府下の全小学校・中学校の全教師三万名を対象にしたものだ。

『にんげん』とは、「解放教育研究会」が編纂し、明治図書から刊行、毎年一億円以上をかけて買い上げ、大阪府下の全小学校・中学生に無料配布し、その学習を「強制」した副読本だ。これが大阪府の「解放教育」の実態だった。

解同を抱き込む戦略を打ち出していた大阪府政は、この組織に会館を提供して日常的な経費をすべて負担し、補助金や助成金を出して、積極的に育成したのだ。

八鹿高校事件は、日本教育史上前例がない蛮行だったが、「解放教育」も又前例がないものである。こうした解同と「結合」（前記の中村の主張）した「解放教育」が、兵庫県に位置づく発端になったのは、一九七二年春の「県教委事務局占拠事件」だ。解同県連に押し切られた県教委は、その約束が果たせず、教育長をはじめ課長以上の幹部職員五〇名がいっせいに「雲がくれ」して、事務局が「占拠」されてしまう。全面的に屈服した県教委は、今後の同和行政、同和教育は「解放県連」の「意向」に従うことを約束させられた。それを徹底するために教育次長は県連委員長のたちあいをもとめ、指導主事全員をあつめてこの旨を指示した。兵庫県の「解放教育」を象徴するのは、教師を糾弾する中学生の「解放研」だが、その行動は、連載のなかの「現地報告」に何回も出ている。

以上が、「あの蛮行の根元」となった（と私が考える）、歴史的な経過だ。すなわちそれは、一九七〇年代の前半に、兵庫県の南但馬で丸尾ら「解同」が突然「激発」したものではなく、戦後の部落問題解決の歩みのなかに位置づけなくてはならない、という主張でもある。

五　「八鹿のたたかい」の意義・今後の研究課題として

気にかかっている二点から始める。

八鹿高校事件において日本共産党が果たした役割は絶大だった。現地での活動は、連載の最終回にみると通りだ。マスコミが沈黙するなか、機関紙「赤旗」だけが蛮行を報道した。国会での追及はテレビで報道され、国民の注目を集めた。

それに反して、日本社会党は八鹿高校差別教育真相究明国会議員調査団（団長・湯山勇代議士ら二八名）が、現地で記者会見して「先月二二日のトラブルは本日の調査では暴力の事実を見たという人は一人もいなかった」（12月8日「毎日新聞」）といい、「社会新報」は「誇大な入院劇を演出」と茶化す有様だった。

戦後に成人となった私たちは、社会党を日本革新の大黒柱と考えていた。それが今日の状態になってしまったのは、なぜか。ここでも大阪がかかわってくる。馬原は前記の著書に「一九七三（昭和四八）年一月、解同府連委員長上田卓三《うえだたくみ》をはじめ数十人が社会党に集団入党した。資金と動員力を武器に社会党府本部を内部から侵食してきた」（一五七頁）と書いている。

社会党の凋落に部落問題がどこまでかかわっているのかは分からないが、今後の検討課題であろう。

次は、事件当日の珍坂校長の行動だ。

その前に書いておかねばならないのは、連載一三回に今井典夫が書いている、八鹿高校の教育の基礎になった「校務運営規定」の原案作成委員会の委員長が若い日の珍坂だった、という事実だ。つまり、八鹿高校教育の有力な実践者だった、ということだ。

校長は、解同のハチマキをしめて集団リンチの現場を見て廻っており、暴力にさらされるままに放置した。いやそうではない、校長は午後六時半ごろから深夜にいたるまで、何回も八鹿警察署から救出のため出動する旨の電話をうけながら、その都度「校内では平穏に話し合いが行われているだけであって、警察の介入すべき事態は発生していない」と回答して、集団リンチに、教師を一三時間もさらした。

それだけではない。教頭に教師の氏名を確認させ、体育館に拉致されなかった九名に、午後一時半電報による職務命令を出した。「事態収拾のため学校におけるすべての校務運営ならびに教育活動について校長の指揮監督に従うことを命ず。ただちに復帰せよ。校長」—後日、校長自身が生徒の追及によって明かしたのは、「職務命令」の電報は、県教育長の指示に従ったものであった。当日をふくめて八鹿高校事件にさいして校長のとった行動は、すべて県教委の指示ないしは命令ないしは協議のうえのものであったと考えられる。

そうだとしても、八鹿高校の有力な実践者だった人のこの有様は、「教委の命令」だけでは説明がつかない、と私は考えている。それは「社会党の凋落」の問題もそうだし、もっと言えば「解放教育」や大阪の異常としか言えない同和対策事業もそうだ。

そこには、「部落問題は特殊なあるいは特別な問題だ」という、国民全体の認識がある。あるいは認識の底にあった、と私は考える。

結論を言うと、それを打ち破ったのが、「八鹿のたたかい」だった。

連載の第六回で木村剛は、「まだ、世の中の出来事すべて理解できるわけでもない高校生が、一致団結して大人たちに間違ったことへの、ＮＯ！を言える勇気を、八鹿高校教育は私たちに教えてくれた。」と書いている。八鹿高校の教育は、連載で生徒や教師が証言しているように、民主主義の教育そのものだ。教師たちは、それを一途に実践し守った。そしてそれを壊《こわ》すものとたたかった。部落問題だからと、特別な対応も妥協もしなかった。

二〇二三年十月、京都市立京都芸術大学は、立派な学舎を建てて旧崇仁地区に移転した。「八鹿高校事件から半世紀」を象徴する出来ごと、と言っていいだろう。

「鉄橋を渡った河原附近は東七条になる。この附近一帯は、いわゆる柳原とよばれる広大な特殊部落のあるところ…」小説の書き出しは、こう始まっている。この地に大学は移った。「オール・ロマンス事件」の舞台となった部落だ。

なんとその年（一九五一年）、京都市当局は、前年に成立した京都国際文化観光都市法にもとづいて、東海道沿線、京都駅付近に「植樹帯」を設ける計画をたて、一部実施した。後年私も見に行ったが、痕跡は確認できた。外国からの旅行客に、「特殊部落」を隠そうとしたのだ。

同和対策事業特別措置法以後の、国・府県・市町村の同和対策関連事業費の総額は一三兆円を超えて実施されたが、その役割と効果は大きかった。

それによって部落問題は解決されたという人もいるが、そうではない。「解放教育」でみた大阪府の不正常と真向からたたかったのは、日本共産党と大阪府教職員組合（大教組）だった。やがて府民は黒田革新府政を生み、府下に革新市政をつぎつぎと誕生させる。それを攻撃したのが、解同大阪府連と社会党だった。この攻防のなかで、府民が学んだものは大きかった。

同じことが、全国各地で言えるのではないか。

この半世紀の部落問題の特長は、八鹿高校事件の20年間にわたる裁判、広島県八次小学校裁判などにみられるように、事柄の真実を明らかにする長期にわたる裁判闘争と、あまりにも拙劣な「部落民以外は差別者」などという「朝田理論」の「運動」を批判・克服するとりくみを通して、部落問題の理解が全国的に前進した。

たとえば、この連載に続いて連載が始まった、鎌田伸一「黒潮は流れてやまず―高知県人権共闘会議のたたかい―」がくわしく紹介している「解放教育」に対するとりくみがそうだ。

「解放教育」がどんなものだったかは、私の「八鹿高校事件と同和教育の行方」でくわしく述べた。そういう誤った教育に追従した教育行政に対して、全国各地で同様のたたかいが進められた。たとえば、本誌に最も多く報告を寄せている、国民融合をめざす広島県会議がそうだ。まだこの分野の研究は進んでいないが、これが同和対策事業の進展とからんで、部落問題に対する国民の理解を大きく前進させたのだ。それらを合わせて「国民的な闘い」と表現した。

全解連の「四つの指標」にてらしてみても、部落問題は基本的に解決したと言っていい。もう部落問題は国や行政が解決する社会問題ではなく、日本国民ひとり一人の、「人格にかかわる問題」になったのだ。

本棚

東上　高志　著

日本教育の青春と部落問題

大塚　茂樹

部落問題研究所　A5判433頁　定価5500円（税込）

軍国主義教育で育った世代が、いかに戦後の民主教育を担ったのか。部落問題の現場へと精力的に足を運んだ著者は、同和教育を担った教師たちの軌跡を克明に描いている。

第1章「これが戦後日本の青春だ―土佐の山村の物語」は、1961年の高知県檮原村(当時)の探訪記から始まる。愛媛県境に近く、「土佐のチベット」と呼ばれていた地だ。村の中心部から20分車で走った後に、40分も急峻の道を登りつめると、30代初めの著者もへたりこんだ。

農地がなく竹細工や草鞋つくりを生業とする部落の男性最高齢は49歳。麦やキビの常食による弊害もある。この地に仕事はなく、出稼ぎ者は各地の飯場で苛酷な仕事を強いられる。その苦難を聞きとりながら、著者はこの部落の活力の乏しさも感じとっていた。

同村内でも「人種の違う人」と部落外から表現されていた住民はいかにめざめていったのか。口火を切ったのは、馬喰を生業とする村内の別の部落である。部落解放同盟(当時)からのオルグと、高知県教職員組合(県教組)の勤評闘争以後の地域活動の貢献は大である。教師たちは懇談会を組織して、部落問題について徹底的に話し合いを続けた。簡易水道さえない。消防車の入れない道の放置も問題なのだと住民は自覚した。これが最初の発火点である。

同村では大山林地主を頂点にした支配秩序が強固だった。勤評闘争に参加した教師たちを住民が包囲して、日本教職員組合(日教組)を脱退せよと抗議の同盟休校を2週間続けるなどの驚くべき事態さえ数年前に起きていた。部落解放運動への反発も妨害も強かった。かつては教師や役人の前で沈黙しがちだった部落住民たちは、後に堂々と要求を掲げられるようになった。

高地の部落は、山の下へと移住したようだ。それが60年前の記述である。数年前まで四万十川上流にある地としてのみ意識していた評者には刺激的な内容であった。

第2章「日本教育の青春と責善教育そして勤評闘争」では、和歌山県の事例を描いている。善行をすすめるとの意味を持つ「責善教育」との語を、和歌山で用いたのはなぜなのか。戦前の同和教育と区別するとの自覚もあったという。だがその初期における展開は試行錯誤そのものだった。皇国史観からも完全に脱却できていないのに、差別観念を一掃しようとして観念的道徳主義的傾向が強かった。現実の部落での生活苦や困難に眼を向けずに、「洗心教育」になってしまった。それだけにそれを自覚した教師たちは必死に観念的な傾向を克服していく。

和歌山の教育行政、責善教育などに携わった片田良穂、岡本佳雄、松本新一郎、村上五郎、杉山守、栃崎博孝各氏らの足跡を視野に納めているのが意義深い。部落に生まれた人もそうでない人もいる。戦前・戦中のエリートとして部落問題に直面することになった人もいる。さらに教育行政と日教組運動との密接な呼応関係も感じとれる。

戦中の価値観からすぐに脱却できずにいた杉山守氏の軌跡は興味深い。地域の青年団活動を担い、生活綴り方教育に携わったゆえ、初期の責善教育にきわめて批判的だった氏が後に全国の同和教育運動の担い手へとなっていく。責善教育について多くのことを学べた。

第3章「戦後同和教育のあゆみと特長」では、冒頭で西日本の同和教育の特質を概観する。戦前の同和教育の蓄積が大きい京都府や和歌山県は能動的に同和教育、責善教育への気運を高めた。岡山県は同和教育ではなく、民主教育である。また差別事件によって部落問題へのスタンスを問い直して、同和教育を推進していく地域もある。広島県もその一つで1952年の吉和事件(吉和村の中学校での差別事件)が転機となった。

一方、責善教育に邁進してきた和歌山県でも、同年に西川事件(西川県議による差別発言)が大問題となり。これらの事件を経て文部省が同和教育推進の次官通達を出したのである。

ただ著者は、2つの差別事件が同和教育に深刻な反省をもたらしたことを重視する。部落の子どもたちの現実から遊離して、昔の差別観念を除去すれば良いとの歪みを持っていたようだ。それだけに1953年に結成された全国同和教育研究協議会での、和歌山の杉山守氏と京都の金子欣哉氏の実践報告は反響を集めたらしい。

本章は長欠・不就学問題へのとりくみや進路保障の運動の概要も記しており、八鹿高校事件や解放教育の問題点も糾しているので、同和教育の歴史を学ぶ際の実践的な入門篇といえよう。

藤井千鶴子、中嶋利雄、米田貞一郎、小川太郎各氏らの記述とともに、本田南城氏の模索と苦闘を紹介した項は印象的である。

第4章「座談会・日本教育の危機とどうとりくむか」は、河瀬哲也、山下吉和、大川克人氏との2015年の記録である。1960年代からの隔たりを痛感する。

部落問題の困難は忘れ去られようとしている現在、変革への情熱が漲っていた時代の記録として本書の意義は明らかだ。書名に「青春」と刻んだ著者の思いをどう受けとめるかは、読者に委ねられている。

(おおつか　しげき／ノンフィクション作家・元岩波書店編集者)

おわりに

八鹿高校事件の全貌と、裁判闘争の全容を知るためには、「八鹿・朝来暴力事件と裁判闘争」記念誌刊行委員会編集、公正・民主的な同和行政と地方自治・教育・人権を守る共闘会議発行の『八鹿・朝来暴力事件と裁判闘争』（１９９６年11月、３９３頁）がある。さらに事件40周年に兵庫人権問題研究所編刊の『今、あらためて八鹿高校事件の真実を世に問う』（２０１４年10月、４２６頁）が刊行されている。

この一連の暴力事件を、正確にネーミングするならば、「八鹿・朝来・南但馬暴力事件」とすべきだろう。蛮行の順序から言えば、「南但馬・朝来・八鹿高校事件」ということになる。この一連の蛮行の行き着く先が、八鹿高校事件だった。

部落問題の観点からすると、南但馬において荒れくるった行政と学校・教師に対する暴力的「糾弾」は、住民に対する、部落問題にかかわる最悪の事態を生んだ。

それだけではない。この暴挙は、行政権力の支えと意向と警察権力の黙認がなければ出来なかったし、南但全域の行政と住民組織のすべてが参加させられたそれは、部落問題の存在を抜いては説明出来まい。私には出来なかったが、八鹿高校事件の総合的な研究を、後世に委ねるしかない。

朝來事件から始まった闘いは、八鹿高校事件と20年にわたる裁判闘争を経て国民的なとりくみとなり、国民融合論とその実践をうながした。１９８３年９月の国民融合をめざす部落問題全国会議第９回総会では、改めて「八鹿高校事件は、私たち部落問題全国会議の原点」と表現している。

私は、この一連の事実を、戦後日本教育史のなかに「問い直す」必要性を考えた。

それは、戦後日本教育の「青春」、つまり国民の手になる、自由で自主的な教育実践が生み出されつつある状況と、権力の対応、つまりそれを権力支配の危機ととらえた勤評政策とそのたたかいの圧殺の中におくことによって、明らかに出来ると考えた。

具体的に言うと、南但馬の一連の経緯を和歌山県の責善教育と勤評闘争に重ねることによって、戦後日本教育史の（重要な）一断面を、明らかに出来ると考えた。まだ「構想」の段階であるが、今後の研究にまちたい。

本書は、部落問題研究所の機関誌『人権と部落問題』に２０２１年10月号から２０２３年６月号まで21回連載したものに、私の『ドキュメント八鹿高校事件』（１９７５年４月、汐文社）の必要部分と、高校部落研を理解するための二つの文章を加えた。

つぎに経過を書いておく。

東上高志の仕事「部落問題とは何だったのか」をみた、週刊「滋賀民報」が記者（平野御稔氏）を京都市久多まで派遣してくれ、『ほんとひと』欄に、次のように紹介してくれた（２０２１年６月27日号）。

「部落問題は、日本の国民にとって何であったのか。これを問い続けたい」―。部落問題研究所元常務理事で元滋賀大学教授の東上高志さん（91）が、『部落問題とは何だったのか―東上高志の仕事』をこのほど刊行しました。全国五千部落の半数以上を歩いた東上さんが、65年間にわたって書き続けたレポートなどを全3巻（①部落問題の実相、②同和事業と逆流、③同和教育とは）に集大成したものです。

今も研究を続ける東上さんは、「学びの人生が良かった」と自身の歩みを振り返ります。人里離れた山間部（京都市久多）で一人研究に没頭し、「朝2時半に起きて体操し、食事をして仕事する。」その姿に周りからは「仙人か修行僧か」の声も。

東上さんは1991年3月から1年間、「滋賀民報」で「検証・滋賀の同和問題」を連載。滋賀県内の部落問題に精通しており、本書では、大津市の部落問題と同和行政、日野町の部落と結婚問題、近江八幡市立八幡中学校の同和教育など、県内各地の優れた取り組みを紹介。部落問題解決への歩みと同和教育の現代的意義を学べる好著です。

「部落問題は日本社会の縮図」、「プラス面、マイナス面を学ぶこと」の大事さを強調する東上さん。「滋賀県民には、福祉・人権の町づくりをすすめた日野町のように、現代の課題に正面から取り組んできた滋賀県の値打ちを知ってほしい」と熱く語ります。


これを送ってくれたなかに、「滋賀民報」事務局の小川真奈美さんが、次のように添え書きしてくれた。

「私は、一九八〇年~八二年の三年間を、和歌山県の責善教育で育ててもらいました。今でも先生、仲間たちとつながり、支えていただいています。かけがえのない、高校部落研生活でした。」

これもまた「日本教育の青春」のささやかな証明であろう。責善教育の実証が欲しいと考えていたから、急いで小川さんに責善教育の高校生活をかいてもらうよう依頼し、本書にはめ込んだ。

この企画は2021年の正月に始まった。『東上高志の仕事』全3巻が完結し、それを関係者に送り終えた正月のことだ。八鹿高校事件のレポート4本を載せた第2巻を送った片山正敏さんから、丁寧なお礼状と八鹿の名菓をもらった。その時ひらめいたのが「部落問題とは何だったのか」をレガシーの観点からまとめておくのが、私の最後の仕事ではないか、それも八鹿高校事件を舞台に、というものだった。早速元旦の朝に片山さんに手紙を書き、共編で『八鹿高校事件から半世紀』をやりませんか、と「ラブレター」を出した。しかし、八鹿高校事件で痛め尽くされた片山さんの体力は、それに応えられなかった。独力でやろう、と決意した。

部落問題研究所機関誌『人権と部落問題』に、自伝といっていい連載を「ごった煮人生をふり返って」として続けていた畏友・成澤榮壽が、これまた高齢で体調をくずして連載を続けられなくなった。私は成澤に「自伝」を勧めたことを思い、この跡を埋めようと思いたち、「八鹿高校事件から半世紀」の連載を編集長の梅田修君に電話したのが4月23日。京都大学大学院生の頃、部落問題研究所でアルバイトしていた彼は、季刊『同和教育運動』を手伝ってくれていたので、八鹿高校事件の重要性を知っていたから、「やって下さい」と即答してくれた。それから、足が不自由で外出もできない、しかもインターネットも使えない私が、電話一本で編集したのがこの21回の連載だ。

これは大変だったが、楽しい仕事でもあった。50年前には何回も八鹿に足を運んでいたが、半世紀経っている。しかもその中心を、当時の生徒の追憶と当時の教師の思い出で実現しようというのだ。私は片山さんから四〇周年記念『今、あらためて八鹿高校事件の真実を世に問う』を送ってもらい、そこに出ている先生と生徒に的をしぼって編集を進めることにした。だが半世紀というのは、片山さんや成澤さんにみるように、特に教師の場合は健康に日常をこなしている人は少ない。何人かはなくなっており、何人かは病床にあって、主旨は了とするが書けないという。無理を言って、ふさわしいと思われる方を紹介してもらった。その繰り返しのなかで、やっと教師4人、生徒6人の執筆を実現できたのが本書だ。

それは又、他人事ではなかった。91歳の私はその夏に体調をくずして、完成が危ぶまれる状態だった。それでも踏ん張って、なんとかモノにした。そしてそれは、私の同和教育実践の決算となった。

思えば23歳で部落問題研究所に入り、その秋から執筆を始めた私も、今年93歳。部落問題研究所機関誌『部落』を中心にした70年にわたる執筆も、これが最後となる。本書を片山先生と奥さん、68名の教師集団とその御家族、そして千名の生徒諸君に捧げて筆を措くことにする。

補足しておくと、出版業界では非常識と言っていい、雑誌の連載をそのまま本にした。当時の先生方・生徒諸君との協同の仕事として、後世に残したい気持ちからだ。

なお、私の『日本教育の青春と部落問題』の書評を書いてくださり、それを本書に収録することを了承してくださったノンフィクション作家・大塚茂樹氏に感謝申しあげる。

東上高志（とうじょう　たかし）

1930年　京都府奥丹後地方の一寒村にある禅寺の次男に生まれる。
1945年　敗戦の年に旧制中学校卒業、京都師範学校入学。
1949年　同校を卒業。教師をしながら立命館大学で日本史を学ぶ。
1953年　社団法人部落問題研究所に入所。研究助手・専任研究員。事務局長・常務理事を歴任。同和教育部門の研究に従事しながら研究所の運営にあたる。
この間に立命館大学大学院文学研究科を修了。
1964年　『同和教育入門』で第18回毎日出版文化賞を受賞。
1982年　滋賀大学教育学部助教授、83年教授、95年定年退官。大学勤務中も部落問題研究所の常務理事を務め、1999年に退任し、現在は顧問。
1999年　雪深い京都市の僻地、久多に移住。晴耕雨読の生活に入る。

主著／『同和教育入門』『戦後同和教育史』『東上高志同和教育著作集』全26巻

現住所　〒520-0461
京都市左京区久多川合町85（TEL 075-748-4511）

八鹿高校事件から半世紀―「日本教育の青春」と同和教育―

2023年11月22日　初版印刷・発行
著者©　東上高志
発行者　梅田　修
発行所　部落問題研究所

京都市左京区高野西開町34－11
TEL 075-721-6108　FAX 075－701－2723

ISBN978-4-8298-1090-3

部落問題とは何だったのか——東上高志の仕事・全3巻

第1巻　部落問題の実相

第2巻　同和事業と逆流

第3巻　同和教育とは